TRAITÉ

DE

MÉLODIE

Abstraction faite de ses rapports

avec l'Harmonie,

suivi

d'un Supplément sur l'art d'accompagner
la Mélodie par l'Harmonie,

LORSQUE LA PREMIÈRE EST PRÉDOMINANTE,

le tout

appuyé sur les meilleurs Modèles Mélodiques

PAR

ANTOINE REICHA

Membre de la Légion d'Honneur,
et Professeur de Composition au Conservatoire de Musique.

Deuxième Édition *

Paris, 1832

Chez A. FARRENC, Éditeur de Musique, Rue St. Marc, N°. 24.
et chez l'Auteur, Rue de la Chaussée d'Antin, N°. 16.

* la première Édition à été publiée au commencement de l'année 1814.

PRÉFACE.

Le grand édifice de la Musique repose sur deux colonnes de même grandeur et d'une égale importance, la *Mélodie* et l'*Harmonie*.

Depuis plusieurs siècles on a publié une quantité de Traités sur l'Harmonie et pas un seul sur la Mélodie. Comme je suis convaincu, par une grande habitude de mon art, par des recherches et des méditations non interrompues sur sa nature, et enfin par une longue expérience, que la Mélodie est susceptible d'un Traité aussi instructif et même plus important que l'Harmonie, j'ai essayé dans cet ouvrage de remplir une tâche aussi pénible. Il ne m'appartient pas de décider jusqu'à quel point j'ai réussi dans cette entreprise; d'ailleurs, cette tâche ne pouvait être remplie que par un compositeur qui a consacré toute sa vie à approfondir son art, et à s'instruire en même tems d'une manière suffisante dans les différentes branches de la littérature, pour trouver, par l'analogie, ce qu'il aurait cherché peut-être vainement par une toute autre voie.

On sait que beaucoup d'auteurs de mérite ont parlé dans différens ouvrages de la Mélodie, mais ce n'est que sur la généralité de ses effets. En Allemagne, en Italie, en Angleterre et particulièrement en France, on a fourni sur elle des remarques plus ou moins importantes, plus ou moins instructives et souvent plus ou moins ingénieuses; mais qu'en est-il résulté pour l'Art musical? Pourquoi en profite-t-il si peu? C'est que des raisonnemens vagues, sans preuves démonstratives, aussi ingénieux et même aussi instructifs qu'ils puissent être, ayant très peu d'évidence par eux-mêmes, peuvent être combattus et rejetés par d'autres raisonnemens semblables, et demeurent par conséquent sans effet. Il en est de la Musique comme de la Géométrie: dans la première il faut tout prouver par les exemples musicaux même, comme dans l'autre par les figures géométriques. Il faut marcher dans toutes les deux de conséquence en conséquence, et établir un système tellement solide, que des raisonnemens quelconques ne puissent l'ébranler. C'est *sous ce rapport* qu'on n'a encore rien publié sur la Mélodie. Les remarques mêmes faites jusqu'à nos jours touchant cet objet, ne peuvent fournir la matière d'un véritable Traité de Mélodie. Je me suis donc vu dans mes recherches entièrement abandonné à moi-même; et, si à mon insu (1), je me rencontrais dans quelques points avec ceux qui ont écrit avant moi sur la Mélodie, ce serait une émanation immédiate de mon système; et, dans ce cas, il serait injuste de m'en faire un reproche.

On verra dans le courant de ce Traité que la période musicale existe, et qu'elle est la base de tout ce qui constitue la véritable Mélodie. Cette période est restée jusqu'à nos jours un secret: jamais on ne l'a prouvée ni définie d'une manière indubitable; et, lorsqu'on en a parlé, elle n'a été que trop confondue avec les phrases, les dessins et les membres mélodiques, qui n'en sont que des parties (2). C'est par cette raison qu'elle a joué un si triste rôle dans la fameuse querelle des Piccinistes et des Gluckistes. Le rhythme musical dont la connaissance est si importante, non seulement dans la Musique, mais encore dans la poésie lyrique, par des causes semblables a éprouvé le même sort. (3)

Le repos partiel et le repos total (qu'on appelle vulgairement

----

(1) Sans quoi je l'aurais indiqué avec empressement.

(2) L'abbé Arnaud, d'abord zélé partisan de la Musique italienne, et ensuite son antagoniste déclaré, avait promis dans un prospectus une définition claire et positive de la période musicale, mais il n'a point tenu parole. Il s'est aperçu probablement que ses connaissances en Musique n'étaient pas suffisantes pour la déterminer d'une manière péremptoire.

(3) Sulzer et Kirnberger, deux auteurs allemands d'un mérite très distingué, l'un dans son *Dictionnaire des Beaux-Arts*, et l'autre dans son *Traité de Composition*, ont parlé du véritable rhythme musical; mais ce qu'ils en ont dit ne regarde que sa définition et son utilité. Quant à ses lois, à ses exceptions, à sa variété, à ses secrets, etc., tout exigeait des recherches suivies et bien liées qu'on n'y trouve point.

en Musique des demi-cadences et des cadences parfaites) , ne sont
encore connus que dans l'Harmonie. La Mélodie, aussi bien que
l'Harmonie, a les siens; mais quoique sentis de tout le monde,
parce qu'il serait impossible de distinguer sans eux, dans un chant,
les différentes phrases et périodes les unes des autres, ils sont
encore ignorés dans nos écoles.

Si la Mélodie n'est autre chose que le fruit du génie, ou, pour
mieux dire, une émanation du sentiment et de ses différentes
modifications, il faut convenir qu'elle a cela de commun avec la
Poésie et l'Eloquence. Mais comme ces deux derniers arts sont
soumis à une critique raisonnée et instructive, pourquoi la Mélodie
en serait-elle exempte? Il y a de bonnes et de mauvaises Mélodies,
c'est-à-dire qui expriment quelque chose ou qui n'expriment rien.
N'est-il pas important de connaître les véritables causes de ces
différences? Quand un Traité de Mélodie n'aboutirait qu'à ce résultat, il rendrait déjà un grand service à l'art; mais j'ose me
flatter que j'ai eu le bonheur d'aller plus loin.

Comme il nous manque aussi un Traité (non moins im..
portant) sur l'Art d'accompagner la Mélodie par l'Harmonie,
lorsque la première doit être prédominante, j'ai jugé à propos
d'exposer les principes sur cette matière dans un supplément;
car tout ce qui précède ce dernier dans l'ouvrage est compréhensible sans le secours de l'Harmonie, ou au moins avec les connaissances les plus légères de cette partie de l'art.

Quant au style, je ne me suis occupé que du soin de donner
à mes idées une clarté, pour ainsi dire, populaire. (1) On verra

---

(1) Je dois un tribut de reconnaissance à mon ami F***, qui, par intérêt pour la Musique
et un amour peu commun pour cet Art, a bien voulu prendre la peine de revoir avec soin
cet ouvrage que j'avais écrit dans une langue qui n'est pas la mienne: ses connaissances,
son érudition, sa mémoire et sa patience rares, son zèle enfin pour tout ce qui est vrai, beau et
utile, sont des qualités qui ne peuvent que rendre un service signalé à tous ceux qui
ont le bonheur de partager leurs travaux avec lui.

iv

que je parle en compositeur, et particulièrement à des musiciens
qui cherchent à s'instruire. Un ouvrage de ce genre ne peut intéresser
que par sa matière et la solidité de ses principes. D'ailleurs, je
soumets à la discussion une branche de l'art qui n'a jamais été
approfondie, et dans laquelle il me faut tout classer, tout créer,
tout analyser, et tout expliquer.

Au reste, je ne traite point ici de la Mélodie vocale et instrumentale en particulier; j'écris sur la Mélodie *en général*, laissant
à chacun la faculté de l'appliquer aux genres qu'il cultive.

La nouveauté de cette matière rendait indispensable l'emploi
de plusieurs mots techniques, et j'en ai fait usage pour éviter les
périphrases, partout ou l'on pouvait plus facilement et plus clairement s'exprimer par un seul mot.

Ant. REICHA.

Paris, ce 15 Octobre 1813.

Nous ajouterons ici la liste des Compositeurs dont nous avons
tiré les exemples pratiques.

HÆNDEL.	PAISIELLO.
GLUCK.	CIMAROSA.
HAYDN.	GIORDANELLO.
MOZART.	GRETRY.
PICCINI.	DALEYRAC.
SACCHINI.	DELLA MARIA.
SARTI.	ZINGARELLI.

N.B. Pour la commodité du lecteur, le volume de planches ne doit pas être joint à celui du texte dans
la reliure.

OBSERVATIONS PRÉLIMINAIRES

SUR

LE GÉNIE ET LE TALENT EN MUSIQUE,

ET SUR L'UTILITÉ DE CET OUVRAGE (1).

Le génie pour la composition musicale n'est autre chose que des dispositions très-heureuses pour cet art. Il se manifeste, 1°. par une grande passion pour la Musique; 2°. par un besoin impérieux de créer, c'est-à-dire de composer, et de faire valoir ce qu'on a fait; 3°. par une grande facilité de concevoir des idées et de les réaliser; et 4°. par un sentiment vif et profond pour cet art, dont le jugement est aussi prompt que sûr, dans toutes les occasions où il peut s'appliquer, symptôme le plus saillant en Musique. D'après ces indices, ce génie est facile à reconnaître (2).

Ces dispositions heureuses, ou ce génie, ne peuvent se donner par un Traité quelconque, si la nature nous en a privé. L'*Art poétique* d'Orace et celui de Boileau ne créeront pas un Virgile, un Pope, un Corneille, un Racine, un Molière, un Wieland, un Voltaire. L'*Orateur* de Cicéron (3) et les *Institutions* de Quintilien ne produiront point des Démosthènes et des Mirabeau. Cette foule innombrable de Traités sur la Composition, ou pour mieux dire, *uniquement sur l'Harmonie*, ne feront pas non plus de Haendel, d'Jomelli, de Gluck, de Haydn, de Cimarosa et de Mozart. Voilà la ligne de démarcation tracée entre l'art didactique et le génie. Ainsi, qu'on ne s'attende pas que je veuille, par cet Ouvrage, donner du génie pour la mélodie à celui qui n'en a pas (4). Mais là où le génie se manifeste, d'excellens Traités peuvent être de la plus grande utilité; car ces dispositions heureuses ne constituent pas un artiste, et encore moins un artiste célèbre: il est nécessaire qu'elles soient dirigées vers un but raisonnable; il faut les déslopper, ne les point étouffer, comme cela arrive souvent; il faut enfin en tirer un parti avantageux, et pour l'artiste, et pour le public: c'est au génie d'étudier, de

---

(1) On a jugé à propos d'insérer une partie de ces observations dans le *Journal des Arts.* Voyez le N°. 210 de ce Journal, 1815.

(2) Ces dispositions souvent se manifestent seulement pour l'Harmonie, et pas en même tems pour la Mélodie, et *vice versa*; ce qui prouve évidemment que l'Harmonie est toute autre chose que la Mélodie. Par là on peut s'expliquer comment une nation, comme l'Allemagne, montre généralement plus de dispositions et de génie pour l'Harmonie, tandis qu'une autre, comme l'Italie, n'aspire qu'à la Mélodie. Il est important dans nos écoles d'avoir égard à ces différences, et d'appliquer un élève qui montre plus de dispositions pour l'Harmonie à une étude sévère de l'art de la Mélodie, sans quoi il resterait, sinon un mauvais, au moins un très médiocre mélodiste.

(3) L'*Art poétique* d'Horace et l'*Orateur* de Cicéron prouvent évidemment qu'il appartient à un grand Poëte et à un grand Orateur de donner les préceptes de leur art, et de réunir le génie à l'instruction.

(4) Il s'agit ici de démontrer ce qu'on peut dire d'instructif et d'utile sur l'objet le plus intéressant de la Musique, sans prétendre donner du génie; il s'agit enfin de créer l'*Art Mélodique*, comme il existe l'*Art poétique*.

s'instruire, d'approfondir et de connaître les ressources, la nature et les secrets de son art, parce que c'est lui seul qui peut tirer parti de tout, et employer tout avec succès. C'est ainsi que nos plus célèbres artistes se sont formés.

Il faut faire une grande distinction entre le génie et le talent. Le talent s'acquiert au prix d'une application sévère, assidue et pénible; encore faut-il qu'il soit bien dirigé. Un talent supérieur est le don le plus rare. Le génie sans talent est peu de chose, et souvent rien du tout. Le génie est plus commun qu'on ne pense; et Voltaire dit fort bien: *Il court les rues* (1).

Plus de dix mille personnes peut-être ont eu le génie dont Racine fut doué par la nature, tandis qu'il n'en existe peut-être pas une seule qui ait eu la patience et l'application nécessaires pour acquérir un aussi grand talent d'exprimer ses idées, sans lequel le génie est un diamant brut qui ne brille jamais; ce qui nous rappelle cette charmante comparaison de Gray (2).

Ces observations donnent les résultats suivans:

1°. Le talent, même sans génie, surtout s'il est guidé par le goût, peut toujours être utile.

2°. Le génie sans talent se réduit à peu de chose.

3°. Le talent secondé par le génie est tout (3).

Cet Ouvrage est spécialement consacré,

1°. A tous ceux qui ont des dispositions naturelles pour le chant, et il faudrait qu'ils n'en eussent pas du tout pour n'en point profiter. Il leur apprend ce que c'est que la véritable Mélodie; en quoi consiste sa nature; quelle ressource ils peuvent tirer de leurs propres idées; quels cadres, coupes ou dimensions, il faut donner à telle ou telle Mélodie; quels sont ses qualités et ses défauts; comment on doit l'exposer, la conduire et la terminer; de quelle manière on peut s'y exercer; quels principes l'Harmonie doit observer pour l'accompagner; enfin, il leur donne cette critique si indispensable à tout

---

(1) Voyez aussi à ce sujet les réflexions de Rivarol sur l'esprit et le talent, où, sous le mot d'esprit il entend le génie. (*Esprit de Rivarol* page 86 et suivantes.)

(2)　*Full many a gem of purest ray serene*
　　The dark unfathom'd caves of ocean bear;
　　Full many a flower is born to blush unseen,
　　And waste its' sweetness on the desert air.

　　Telle à jamais cachée au sein des flots amers,
　　La perle n'enrichit que l'abîme des mers;
　　Ou, telle, prodiguant son haleine perdue,
　　La rose du désert fleurit sans être vue.

Traduit par FAYOLLE.

(3) Quand Horace demande à quoi sert le génie sans la connaissance de l'art, il a parfaitement raison, parce que le génie sans ce secours ne peut rendre ou réaliser ses idées; et si le génie croit pouvoir s'en passer, ou se mettre au-dessus (comme cela arrive souvent), il s'en tire d'une manière fausse et maladroite.

véritable artiste pour ses propres productions (1).

2°. A tous ceux qui désirent de s'instruire non-seulement dans l'Harmonie, mais aussi dans l'Art mélodique; et si la nature leur a refusé du génie pour cette partie de notre art; ils peuvent encore devenir utiles en l'enseignant aux autres, à l'exemple du P. Martini, de Marpurg, de Kirnberger et Albrechtsberger, qui étaient d'excellens professeurs d'Harmonie, sans avoir du génie pour la composition. Ce sont eux, enfin, qui présentent au génie un terrain dans lequel les sillons sont tracés, pour recevoir le grain que le le génie n'a plus qu'à semer.

3°. A l'usage de nos écoles, parce qu'il démontre évidemment qu'on peut enseigner la Mélodie avec plus d'intérêt et même plus de sûreté que l'Harmonie, et qu'il ne faut point étouffer les meilleurs dispositions pour le chant, ce qui est très-facile, en ne s'exerçant que dans l'Harmonie, et en ne s'occupant que de l'Harmonie.

4°. Aux poètes lyriques. Ils y verront que la véritable Mélodie est soumise rigoureu-sement aux lois du rhythme; que par conséquent ce rhythme doit être secondé par celui de la poésie, à l'exemple de Métastase et de Quinault. Tout ce qui n'est pas propre à la Mélodie lyrique, ce sont les grands vers dans les airs, à moins qu'on n'y observe un hémistiche avec un sens déterminé; ce sont des périodes trop longues, point ou trop peu de variété dans le rhythme poétique, etc.

En étudiant le rhythme musical, ils trouveront quantité de nouvelles formes rhyth-miques, avec lesquelles ils pourront enrichir la poésie lyrique d'une manière heureuse et favorable à la Mélodie. Ils peuvent encore tirer un grand parti des observations faites sur les coupes mélodiques, en créant des coupes analogue dans la poésie lyrique.

D'après les principes de ce Traité on verra qu'un individu quelconque peut s'exer-cer de la même manière, avec un égal succès et avec les mêmes résultats. Mais quelle en sera la différence? Elle consistera dans la qualité, l'intérêt, le caractère, l'origi-nalité, ou le charme des idées qui croîtront à mesure que le don de l'invention se se fortifiera par l'exercice; que la sensibilité se manifestera d'avantage; que l'âme sera plus susceptible d'épanchement et l'imagination d'enthousiasme.

Enfin, un avantage incontestable de ce Traité de Mélodie sur tous les Traités d'Harmonie connus, c'est qu'il prescrit la marche des idées mélodiques, et que, par son secours, on peut tirer parti des idées d'autrui: deux moyens d'application qu'on n'a point trouvé jusqu'à présent, ni dans la poésie, ni dans l'art oratoire, et auxquels peut-être, par cette route déjà tracée, on parviendra quelque jour.

Ainsi, la Mélodie est le plus positif de tous les arts, et c'est pourtant celui qu'on a regardé jusqu'à présent comme le plus vague, fautes de méditations, de recherches et d'analyses.

---

(1) Tout le monde est convaincu qu'il faut étudier l'Harmonie; mais cette étude ne donne pas non plus le génie pour s'exceller, comme les Palestrina, les Marcello et les Sébastien et Emmanuel Bach, etc., y ont excellé. L'étude de l'Har-monie ne donne que des connaissances de cette partie de l'art, et en démontre les ressources: c'est précisément ce qu'un bon Traité de Mélodie peut faire pour celle-ci.

INTRODUCTION

La Mélodie est une succession de sons, comme l'Harmonie est une succession d'accords, ou bien comme le Discours est une succession de mots.

Ce qui lie les sons ensemble, au point d'en créer des sens musicaux, et forme, pour ainsi dire, *la syntaxe mélodique*, ce sont les gammes, les intervalles, les modulations, les différentes valeurs des notes, la mesure, les cadences (ou points de repos) et le rhythme.

Il est nécessaire, avant de traiter de la Mélodie, de se familiariser avec les quatre objets suivans, qui forment la matière de cette Introduction.

1.° LES GAMMES.

Les gammes se divisent en majeures et en mineures.

Gammes majeures.

D		A		E		B		C
sol♭,	*ré♭,*	*la♭,*	*mi♭,*	*si♭,*	*fa.*	UT,	*sol,*	*ré, la, mi, si, fa♯.*

Les gammes de l'espace E B C sont brillantes; et à mesure qu'elles s'avancent vers le point C, et s'éloignent par conséquent du point E, elles deviennent plus brillantes et plus éclatantes.

Les gammes de l'espace D A E sont sombres en comparaison des autres; et plus elles s'éloignent du point E et s'approchent du point D, plus elles deviennent sombres.

Les gammes *fa♯* et *sol♭,* dont on ne sert que rarement, et qui ne font, sur le piano, que la même gamme, sont par conséquent dans la nature fort différentes; la première est très-brillante ou très-éclatante, tandis que la seconde est fort sombre.

Entre la gamme d'*ut♯* et celle de *ré♭,* il y a la même différence.

Cette remarque est importante dans le cas où on fait des transitions enharmoniques; car, en changeant tout d'un coup la gamme de *fa♯* en *sol♭,* et la gamme d'*ut♯* en *ré♭,* et *vice versâ,* on tombe d'un ton fort brillant dans un ton fort sombre, ou d'un ton fort sombre dans un ton fort éclatant; il est donc bien évident qu'on fait une transition trop brusque, qu'il faut éviter là où il n'y a point de raison de l'employer. Sur le Piano, cette différence est peu sensible; mais dans les orchestres elle peut produire de mauvais effets, tout-à-fait contraires à l'intention des compositeurs.

Gammes mineures.

si♭,	*fa,*	*ut,*	*sol,*	*ré,*	LA,	*mi,*	*si,*	*fa♯. ut♯. sol♯.*

La gamme de *sol♯* mineur ne s'emploie que rarement.

On a tort de reprocher à notre système que nous n'avons que deux gammes, l'une majeure, et l'autre mineure, ce reproche n'est pas juste, parce que nous en avons *douze* majeures et *douze* mineures, dont chacune a dans son caractère une nuance particu_ lière, qu'il est important pour un compositeur de connaître et d'étudier.

2°. LIAISONS DES GAMMES OU MODULATIONS.

On appelle moduler, l'art de passer d'une gamme à l'autre d'une manière franche et naturelle.

Il est, en effet, plus facile de bien déterminer ces modulations par l'Harmonie que par la Mélodie seule; mais il est de même possible de les faire jusqu'à un certain point, par la Mélodie, abstraction faite de l'Harmonie. Ainsi, la Mélodie peut mo_ duler sans le secours de l'Harmonie, 1°. en partant d'un ton majeur (par exemple, d'*ut* majeur pour moduler en *ré* mineur, en *mi* mineur, en *la* majeur, en *sol* majeur et en *la* mineur), c'est-à-dire avec tous les tons relatifs d'une gamme majeure, comme tous ceux qu'on vient d'énoncer, et qui sont les relatifs de la gamme majeure d'*ut;* 2°. en partant d'un ton mineur (par exemple, de *la* mineur, pour aller en *ut* majeur, en *ré* mineur, en *mi* mineur, en *la* majeur et en *sol* majeur), c'est-à-dire dans tous les tons relatifs de la gamme de *la* mineur (1). 5°. La Mélodie peut encore facilement moduler, par exemple, d'*ut* majeur en *ut* mineur, et réciproquement; mais il ne faut pas qu'elle se permette de moduler autrement que de la manière indiquée, sans le secours de l'Harmonie.

Nous donnerons ici deux exemples de ces modulations mélodiques, (Voyez N°°. 1 et 2 de la première planche de l'introduction.)

Toutes ces modulations sont fort sensibles par la Mélodie seule.

On module, parce qu'une Mélodie, principalement d'une certaine étendue, devien_ drait monotone, si on ne la promenait que dans une seule gamme.

Ce ne sont pas les accidens seuls, c'est-à-dire les dièses et les bémols qui déterminent une modulation, mais ce sont en même-tems les cadences mélodiques qui la fixent, comme nous le verrons plus tard.

Il est bon de remarquer ici qu'il faut faire une distinction entre une mo_ dulation *passagère* et une modulation *fixe;* la première ne touche une gamme qu'en passant, tandis que la deuxième la détermine parfaitement. Ainsi, on peut faire différentes petites modulations passagères, et néanmoins rester dans un seul ton.

D'après ce que nous avons dit, il est évident qu'on pourrait composer un Traité sur les modulations purement mélodiques; ce Traité qui nous manque serait fort utile aux élèves qui veulent s'exercer dans l'art de la Mélodie.

---

(1) Ce qui donne, par le moyen des permutations, pour chaque gamme, 720 chances de modulations mélodiques.

3.° L'UNITÉ DE GAMME.

Quand on ne module que dans des tons relatifs, comme nous l'avons remarqué, on garde l'unité de gamme. La Mélodie ne peut point moduler autrement sans le secours de l'Harmonie, ou bien elle s'expose à perdre de son intérêt et de son charme, en ne modulant que d'une manière vague et incertaine, et par conséquent inappréciable; car elle ne peut pas à elle seule lier, d'une manière naturelle et évidente, des gammes plus éloignées; et encore moins des gammes hétérogènes; c'est l'appanage de l'Harmonie.

4.° NATURE DES MESURES USITÉES.

Il est important de connaître dans une mesure ce que nous appelons des tems forts et des tems faibles; parce que la Mélodie ne peut faire ses cadences, d'une manière sensible, que sur les tems *forts* de la mesure. Nous donnerons le tableau suivant des mesures les plus usitées, et nous en marquerons les tems forts avec le signe (—) et les tems faibles avec le signe (o). Voyez N.° 3, planche deuxième de l'introduction.

Dans les longues mesures, comme C, $\frac{12}{8}$ et $\frac{9}{8}$, on compte souvent deux tems forts et deux tems faibles, comme on le voit dans le tableau indiqué; et, en conséquence, on fait les cadences mélodiques sur l'un ou l'autre de ces deux tems forts. Cependant, je ne conseille point de les faire sur le second tems fort, parce que ces cadences n'ont pas assez de force et d'énergie, et paraissent trop faibles. La raison en est que ces seconds tems forts ne le sont pas suffisamment, et n'ont pas l'évidence des premiers tems forts de ces mêmes mesures, que la nature paraît consacrer exclusivement aux cadences. On peut appeler les uns *tems forts secondaires* pour les distinguer des autres tems forts sur lesquels la mesure se frappe.

Il est bon d'observer que les cadences suivantes de la Mélodie (voyez N.° 1 de la 2.° planche de l'Introduction, sont de véritables cadences, et fort régulières, quoique la dernière note de toutes ces cadences tombe sur le tems faible de la mesure. La raison en est que la première note de toutes ces cadences n'est, 1.° qu'une petite note *(appogiatura)* qui occupe la place où la seconde doit déjà se trouver. (1); 2.° qu'on peut mettre à la place de la première note la seconde, si on le veut; 3.° qu'on le fait de la sorte (comme il est marqué au N.° 1), pour remplir la mesure par la Mélodie; sans quoi il y aurait une trop longue pause;

---

(1) Et par conséquent on pourrait, si on voulait, écrire ces mêmes cadences de la manière suivante; (Voyez N.° 8 de la même planche.

*[Pl]*que ce qui précède toutes ces cadences détermine encore plus évidem_ment si cette première note n'est qu'une *appoggiatura*. 5°. Pour être mieux convaincu de ce que nous venons d'avancer, que l'on compare ces cadences avec les cadences suivantes, qui sont toutes irrégulières et fausses, parce qu'elles n'arrivent pas avec les tems sur lesquels elles devraient se faire. (Voyez le N°. 5 de la même planche.)

Tous ces exemples du N°. 5 (depuis 1 jusqu'à 14) peuvent s'employer dans le courant des phrases mélodiques, mais ne pas les terminer. Quand ces mêmes exemples doivent offrir de véritables cadences, il faut qu'ils soient écrits de la manière suivante: (Voyez N°. 6 de la même planche.)

On peut tirer de tout ceci la règle suivante: 1°. Quand la cadence se fait avec une *appoggiatura*, sa dernière note tombe sur un tems faible; 2°. lorsqu'elle se fait sans *appoggiatura*, sa dernière note tombe sur un tems fort: 3°. quand cette *appoggiatura* est si prolongée qu'elle prend une mesure entière, comme on le fait quelquefois à la fin d'une mélodie, alors les deux dernières notes tombent sur deux tems forts de ces deux mesures. (Voyez le N°. 7 de la même planche.)

Au reste, il n'y a rien de plus facile à sentir que la manière dont les cadences doivent se trouver placées dans une mesure: nous aurons occasion, dans le courant de l'ouvrage, d'en parler souvent.

TRAITÉ de MÉLODIE

Les productions musicales ont un intérêt mélodique ou un intérêt harmonique, ou bien ces deux intérêts sont successivement réunis dans un seul morceau de Musique, qu'on peut appeller Mixte, c'est-à-dire harmonique et mélodique. Il s'agit uniquement, dans cet Ouvrage, de l'intérêt mélodique, où l'Harmonie est *tout-à-fait subordonnée* à la Mélodie (1). (Voyez sur cet objet la classification des productions musicales au commencement du supplément de cet ouvrage.)

SUR LES DESSINS,

LES MEMBRES, LES CADENCES MÉLODIQUES, LE RHYTHME
ET LA CONSTRUCTION DE LA PÉRIODE.

La Mélodie est le langage du sentiment, et, quoique nous ne connaissions pas la logique de nos sensations, il n'est pas moins vrai qu'on peut dire des choses fort instructives et d'une utilité générale sur la Mélodie. Il existe une grande quantité de belles et intéressantes Mélodies, et il n'est point difficile de démontrer pourquoi elles sont bonnes; il est encore plus facile de prouver pourquoi certaines Mélodies ne le sont pas.

Dans une bonne Mélodie nous trouvons un caractère, une expression ou une succession de sons si bien enchaînés, que notre oreille en est flattée d'une manière séduisante.

Une Mélodie doit, par conséquent, frapper, émouvoir ou flatter. Pour que la Mélodie ait une de ces trois qualités, il faut qu'elle soit faite d'après certains principes: ces principes sont à peu près comparables aux principes d'après lesquels on ferait un discours ou une narration poétique. Delà, la Mélodie exige *la théorie du rhythme; celle des points de repos ou cadences; l'art d'enchaîner et de développer des idées* pour en faire un tout; *la science des périodes et de leurs réunions entr'elles*.

L'expérience nous apprend que nous éprouvons un certain plaisir lorsque nous entendons un mouvement qui se succède d'une manière symétrique et

---

(1) Les principes de ce Traité sont, en un mot, applicables, sans exception, à toute Mélodie prédominante, soit en partie soit en totalité.

bien cadencée; car un simple tambour qui ferait un mouvement rhythmé de la manière suivante, serait en état de fixer pour un moment notre attention (1). (Voyez l'exemple A.)

Comment ce mouvement fixe-t-il notre attention?

Par la *symétrie* qu'on a observée dans ce mouvement; et cette symétrie existe parce que, 1°. chaque division est de deux mesures; 2°. après chaque division, il se trouve un repos qui sépare l'une de l'autre; 5°. toutes les divisions sont égales entr'elles par rapport au mouvement; 4°. les points de repos, ou cadences, sont placés à distances égales, c'est-à-dire que le repos le plus faible se trouve dans la deuxième et la sixième mesure, et le plus fort dans la quatrième et la huitième: bref, dans ce mouvement on observe un plan régulier, et c'est lui seul qui fixe l'attention; car, par exemple, le mouvement suivant (voyez B) où il n'y a ni symétrie, ni plan, ne produit que de la monotonie, laquelle, après la troisième mesure, nous ennuie et nous fatigue.

Comme un mouvement semblable, rhythmique, partagé en membres égaux, a déjà une espèce d'attrait pour nous, combien cet attrait ne sera-t-il pas relevé, lorsqu'on accompagnera ce mouvement avec des sons bien choisis! Si au lieu de faire, comme nous l'avons vu, l'exemple (A), on fesait l'exemple (C), il en proviendrait une véritable Mélodie (2).

Une bonne Mélodie exige par conséquent, 1°. qu'elle soit divisée en membres égaux et semblables; 2°. que ces membres fassent des repos plus ou moins forts, lesquels repos se trouvent à des distances égales, c'est-à-dire symétriquement placés.

Une division mélodique (voyez l'exemple D) n'est autre chose, d'après cela, qu'une petite idée, qui doit avoir un repos, qu'on appelle, en Musique, *une cadence*, au moyen duquel elle doit se distinguer de l'idée qui la suit. Une pareille division ou idée mélodie, nous l'appellerons *un dessin*.

Quand un dessin mélodique est aussi court, et qu'il a une cadence aussi faible, il faut au moins qu'il soit répété, avec d'autres notes, et qu'il ait la seconde fois une cadence plus marquée; alors la Mélodie aura un sens plus déterminé, parce que cette répétition la fixe davantage; par exemple, (voyez E, N°. 1). Une pareille répétition nous l'appellerons un *rhytme*, lequel se trouve ici composé

---

(1) Ce qui serait déjà la Musique d'un Peuple sauvage, comme des voyageurs nous l'assurent.

(2) Tout mouvement symétrique donne une espèce de Mélodie régulière: il ne s'agit que de bien choisir les différens sons avec lesquels on veut rendre ce mouvement, et de bien faire sentir, par des repos suffisans, la fin de chaque phrase. Ainsi, il y aurait ici un exercice instructif à proposer aux élèves, lequel serait de leur prescrire différens mouvemens symétriques, à l'instar de l'exemple A, en exigeant d'eux de créer, sur chacun de ces mouvemens, différentes Mélodies, dans le genre de l'exemple C: car, non seulement les mouvemens réguliers donnent une espèce de Mélodie régulière, mais encore, avec un seul de ces mouvemens, on en pourrait créer plusieurs, selon qu'on en changerait les notes; ce qu'on peut varier à l'infini.

de quatre mesures, et doit avoir au moins une *demi cadence* (1).

Comme ce rhythme mélodique, composé de deux dessins (voy: l'exemple E, N.º1), n'a pas un point de repos parfait (ou cadence entière), mais seulement une demi-cadence, tout le monde sent que la Mélodie n'est pas achevée, et qu'il faut la continuer; c'est pourquoi il faut lui ajouter un autre rhythme. Mais la symétrie et l'unité d'une bonne Mélodie exigent que le second rhythme soit semblable au premier qu'il lui soit égal, et que les points de repos soient mis aux mêmes distances; c'est pourquoi il faut faire encore un rhythme (2) de quatre mesures, qui doit avoir une cadence entière, ou encore une demi-cadence, par exemple, (voyez F).

Comme ce second rhythme ne finit aussi qu'avec une demi-cadence, et que la Mélodie n'est point terminée, il faut lui donner un troisième rhythme, qui soit égal au précédent, par exemple, (voyez G).

Mais comme avec ce troisième rhythme la Mélodie n'est pas achevée, par rapport à la demi-cadence, il faut lui ajouter un quatrième rhythme, par exemple, (voyez H).

---

(1) Ce qui distingue et sépare une idée d'avec l'autre, ce sont les points de repos: la Mélodie en a comme le discours; si elle en était privée, toutes les idées se confondraient et demeureraient nécessairement sans intérêt: ainsi ces points de repos sont d'une grande importance. On les appelle en Musique des Cadences, comme nous l'avons remarqué. Il y en a principalement deux, dont une *finale*, Cadence parfaite qui sépare une période d'avec une autre, et l'autre *demi-finale (demi-cadence)*, qui sépare les idées appartenantes à une période. Nous verrons dans la suite que la Mélodie est plus riche en cadence que l'Harmonie.

La Mélodie a différens moyens de marquer ses repos; 1.º par une note plus longue que celle qui la précède; 2.º par une pause; 3.º par le tems de la mesure sur lequel la cadence se fait; 4.º par de certaines notes de la gamme, que la nature exige. Ces notes sont, par exemple, (voyez E, N.º 2.)

La Mélodie est donc plus riche en demi-cadences qu'en cadences parfaites, car elle n'a qu'une seule note dans chaque gamme, qu'on appelle la Tonique, pour faire une cadence parfaite, pendant qu'elle en a quatre pour une demi-cadence; elle peut, par conséquent, mettre une grande variété dans les demi-cadences.

Pour l'intelligence de notre matière, nous serons plus bas obligés de diviser les cadences, non seulement en demi-cadences et en cadences parfaites, mais encore en quarts de cadences et même en trois quarts de cadences, car les repos mélodiques sont de différens dégrés: il y en a qui sont plus faibles qu'une demi-cadence, et d'autres plus forts, sans atteindre néanmoins le degré d'une cadence parfaite.

La quatrième et la sixième notes de la gamme, par exemple le *fa* et le *la* dans le ton d'*ut*, ne donnent jamais une véritable demi-cadence; mais néanmoins il n'est pas impossible de terminer un membre, et par conséquent aussi un rhythme, avec une de ces deux notes, selon la nature des idées du compositeur, et l'adresse avec laquelle il saura bien les terminer: dans ce cas, on peut envisager la conclusion de ce membre ou de ce rhythme, comme une exception en fait de demi-cadence. Il est vrai, qu'en général, une demi-cadence détermine un membre et un rhythme; mais il arrive aussi quelquefois que le rhythme à son tour détermine une demi-cadence, si toutes les autres conditions sont exactement observées. Dans ce second cas, la demi-cadence peut se faire non seulement sur les deux notes mentionnées de la gamme, mais encore sur la tonique même, comme nous le verrons plus bas. Il est encore à remarquer que l'Harmonie doit contribuer beaucoup à ces distinctions de cadences, dont il s'agira dans le supplément.

(2) Le rhythme est une autre espèce de mesure musicale et parfaitement comparable aux mesures ordinaires de cet art. Il fait les mêmes fonctions, c'est-à-dire il fait en grand ce que la mesure fait en petit: la mesure partage en parties égales une suite de tems simples, comme, par exemple, des noires dans la mesure à quatre tems; et le rhythme partage en parties égales, et par conséquent d'une manière symétrique, une suite de mesures. D'après cela, on peut dire très-bien que les mesures sont des tems du rhythme, comme les noires et les soupirs sont les tems simples d'une mesure. La nature a gravé l'un et l'autre, la mesure et le rhythme, d'une manière imperturbable dans notre sentiment, et elle paraît n'adopter ce qui est beau en Musique, particulièrement dans la Mélodie, que lorsque ces deux conditions sont absolument observées.

Le tout ensemble est ce qu'on doit appeller une *période*, parce qu'elle a un point final parfaitement déterminé, et sur lequel notre sentiment s'arrête avec satisfaction; toutefois, si l'on veut poursuivre la Mélodie, d'autres périodes peuvent succéder à celle-là. La période est donc composée de rhythmes ou de membres symétriques; elle finit *toujours*, et sans exception, avec une cadence parfaite. La période est donc l'objet le plus important de la Mélodie; le rhythme et les cadences existent par rapport à la période; sans elle, il est impossible qu'une bonne Mélodie puisse avoir lieu. Celui qui est en état de créer des périodes intéressantes, est sur de vaincre toutes les difficultés de l'art mélodique; c'est pourquoi nous consacrerons d'abord tous nos soins aux périodes.

Chaque membre de la période ci-dessus (voyez H) est composé de deux dessins semblables. Mais il y a des périodes dont les membres sont composés de deux dessins différens, par exemple, (voyez I).

Le rhythme (1) étant encore de quatre mesures, est répété trois fois pour rendre les membres de cette Mélodie égaux, sous le rapport de la longueur, et pour mettre les cadences, par rapport à la symétrie, dans des intervalles égaux.

Parce que le premier dessin d'un membre, qui est composé de deux dessins, doit avoir une espèce de cadence pour se distinguer du dessin suivant, nous appellerons cette espèce de cadence, qui peut être très faible, *quart de cadence*, pour la distinguer de la demi-cadence (2).

Le quart de cadence a fort souvent beaucoup de ressemblance avec une demi-cadence, mais il n'a pas sa force; la cause en est qu'avec un quart de cadence le rhythme n'est pas à sa fin, et qu'on ne s'attend pas par conséquent à une demi-cadence, qui ne peut avoir lieu qu'à la fin d'un membre, ou le rhythme est terminé. Par la même cause, une demi-cadence peut ressembler à une cadence parfaite, et n'en pas faire l'effet. Comme il est très-important de distinguer un quart de cadence d'une demi-cadence, parce que l'exactitude d'une période en dépend, nous tacherons de l'éclaircir par des exemples. (Voyez K.)

Dans cet exemple qui forme un membre d'une période, lequel est composé de deux dessins semblables, ce membre à un rhythme de quatre mesures. Le quart de cadence y ressemble absolument à une demi-cadence; et la demi-cadence à une cadence parfaite. Mais le rhythme est cause qu'on ne peut confondre ici le quart de cadence avec la demi-cadence, et celle-ci avec la cadence parfaite; car chacun sent parfaitement que dans la seconde mesure, au quart de cadence, le membre mélodique aussi-

---

(1) Nous verrons plus tard la différence qu'il y a entre le rhythme et le membre, sous le rapport des notes, tandis qu'ils sont les mêmes pour la quantité de mesures.

(2) En général les cadences, dans la Musique, ont une grande analogie avec la ponctuation grammaticale; par exemple, avec la virgule (,), le double point (:), le point et virgule (;) et le point final (.). C'est pourquoi on pourrait appeler le quart de cadence une virgule, et le désigner par le signe (,); la demi-cadence avec le signe (;) ou le double point (:), et la cadence parfaite avec le point (.). Par conséquent un dessin mélodique, s'il ne forme pas un membre entier, est une virgule, et le membre entier d'une Mélodie est un point et virgule, et la période un point.

bien que le rhythme ne sont point terminés, et que par conséquent on ne peut sentir qu'un quart de cadence, et point une demi-cadence. De même à la fin de ce membre, à la demi-cadence on conçoit aussi qu'avec ce membre la Mélodie, ainsi que la période, n'est pas à sa fin, et que ce membre n'est que le commencement d'une mélodie, ou d'une période, après lequel membre doit suivre nécessairement encore quelque chose: car un membre est trop petit pour former une période, et encore moins une Mélodie entière. C'est pourquoi le rhythme exige un compagnon; c'est-à-dire qu'il faut au moins le répéter pour former une période. Ce sont les causes pour lesquelles la demi-cadence, à la fin du membre mélodique indiqué, ne peut être confondue avec la cadence parfaite: car, où il y a encore quelque chose à désirer, il n'y a point une cadence parfaite, quoique l'apparence d'une cadence parfaite existe (1).

Par les mêmes causes il est aussi impossible (voy: l'exemple L), de confondre le quart de cadence avec la cadence parfaite, et la demi-cadence avec le quart de cadence.

Dans ce dernier exemple, il n'y a qu'un membre et un rhythme, après quoi doit suivre un rhythme de la même longueur. Parce que le rhythme de la seconde mesure n'est pas à sa fin, on ne peut pas sentir une autre cadence qu'un quart de cadence; mais comme le rhythme est terminé à la quatrième mesure, il ne peut pas y avoir un quart de cadence, mais une demi-cadence. La puissance du rhythme est telle qu'elle commande à une cadence parfaite apparente de ne se faire sentir tantôt que comme une demi-cadence, et tantôt que comme un quart de cadence, mais elle ne s'étend pas jusqu'à nous faire prendre une demi-cadence pour une cadence parfaite; et lorsque le rhythme se termine avec une demi-cadence, il faut nécessairement qu'il arrive encore quelque chose, ou il y aurait commencement sans fin.

Comme en général on prend le mot de rhythme dans l'acception où nous admettons le mot de dessin, il est nécessaire, pour éviter les doubles ententes, de donner ici une définition juste de ce que nous entendons par rhythme et dessin. Le dessin est la manière d'après laquelle les sons se succèdent dans un membre mélodique; cela peut se faire d'une infinité de manières: car la moindre variation dans la valeur des notes donne un dessin nouveau, par exemple, (voyez M, N°. 1).

On voit ici sept dessins dont la différence existe dans la valeur des notes. Il y a rarement dans une période un membre qui ne soit pas composé de deux dessins, qu'ils soient semblables ou non semblables. Quelquefois il n'y a qu'un seul dessin qui domine dans toute la période, comme nous l'avons vu plus haut dans la période (voyez H) de Haydn, où le dessin suivant: (voyez M, N°. 2) se répète huit fois de suite, c'est-à-dire deux fois dans chaque membre de la période. Souvent un seul dessin peut dominer dans une période, comme dans l'exemple cité; une autre fois, il y a

______

(1) En Poésie et en Éloquence on peut faire avec quatre ou cinq mots et même trois, un sens déterminé qui ne laisse rien à désirer, et forme une période très-courte. Par exemple: Le soleil brille. La nuit est sombre. L'éternité n'a pas de bornes, etc. Mais, en fait de Mélodie, on ne peut créer un sens déterminé, encore moins une période, avec trois, quatre ou cinq notes.

deux dessins qui alternent dans la période; souvent le même dessin est répété avec quelques changemens; une autre fois tous les dessins sont différens. Bref, en cela il y a une grande variété entre les périodes et leurs membres. Mais le rhythme est toute autre chose: il n'est pas susceptible de beaucoup de changemens. Il compare le nombre de mesures d'un membre avec le nombre de mesures de l'autre, et cherche à égaliser les membres sous ce rapport, sans avoir égard à la valeur des notes. Il place les cadences symétriquement dans des intervalles égaux; il exige presque toujours qu'on les répète, c'est-à-dire qu'on lui donne son compagnon; et ne souffre point (comme le dessin) qu'on le traite arbitrairement. Enfin, le rhythme dispose la proportion des membres par rapport à la quantité de leurs mesures, et les proportions des cadences par rapport à leurs distances. Si, par exemple, un membre d'une période est de quatre mesures, le rhythme exige par conséquent que le membre suivant n'ait pas plus de quatre mesures; et si, après deux mesures, une cadence a lieu, il exige que, dans le même intervalle (c'est-à-dire après deux mesures et sur le même tems de la mesure) une nouvelle cadence ait lieu. C'est pourquoi le rhythme va de deux mesures en deux mesures, ou de quatre en quatre, ou de huit en huit, c'est-à-dire de nombre pair égal en nombre pair égal; ou bien de trois mesures en trois mesures, ou de cinq en cinq, c'est-à-dire de nombre impair égal en nombre impair égal; partout il exige de l'ordre et de la symétrie.

Un dessin est presque toujours plus petit qu'un rhythme, car plusieurs dessins peuvent former un seul rhythme; le cas contraire ne peut pas exister. Un millier de périodes peuvent se ressembler en fait de rhythme, c'est-à-dire avoir un rhythme de la même quantité de mesures; mais elles ne peuvent pas se ressembler par rapport au dessin; car il n'y aurait pas de différence entre elles. C'est pourquoi le dessin peut varier à chaque moment, pendant que le rhythme reste toujours le même.

La cadence qui sépare un dessin de l'autre dans un même membre peut être souvent si faible, qu'à peine on la prendrait pour une cadence; mais pour la cadence qui termine un rhythme, il faut toujours qu'elle soit bien prononcée; car sans cela, on ne pourrait pas distinguer un rhythme d'un autre, ce qui serait une faute impardonnable, qui détruirait totalement la symétrie entre les membres d'une période. Delà vient que dans l'exemple suivant le rhythme est de huit mesures et non de quatre, comme à l'ordinaire: (voy. N). Chacun sent dans cet exemple, qu'après la quatrième mesure, il n'existe pas une demi-cadence qu'au moins le rhythme exigerait; ce n'est qu'à la huitième mesure qu'une véritable demi-cadence a lieu, laquelle sépare ce rhythme de huit mesures du rhythme qui doit nécessairement le suivre.

On voit par ce même exemple, que dans un seul rhythme, il peut y avoir jusqu'à quatre dessins. C'est pourquoi un dessin est, généralement parlant, plus court qu'un rhythme.

Il y a pareillement des différences entre un membre et un dessin: un membre peut être composé de différens dessins, (comme les exemples ci-dessus cités de huit mesures

14

composées de quatre dessins, et qui ne font qu'un membre). Mais un membre est
toujours en même tems un rhythme; car il faut qu'il ait, comme celui-ci, ou une
demi-cadence, ou, lorsqu'il est le dernier membre d'une période, une cadence
parfaite, pour pouvoir être distingué d'un autre membre. Cependant le cas peut
souvent exister qu'un membre court (principalement dans les mesures courtes
comme $\frac{3}{8}$, $\frac{2}{4}$, et $\frac{6}{8}$, et quand le mouvement en est accéléré) ne forme qu'un
seul dessin, par exemple, (voyez O, N°. 1 , N°. 2).

Avant de terminer nos remarques sur la différence qui existe entre un dessin
et un rhythme, il sera nécessaire de montrer comment un dessin se distingue d'un
autre dessin.

Un dessin, pour qu'on puisse le distinguer d'un dessin suivant, doit avoir au
moins un quart de cadence, c'est-à-dire un petit point de repos, qui existe, 1°. dans
une pause, ou, 2°. dans une note plus longue. Bref, il faut qu'il se trouve nécessairement quelque chose à la fin d'un dessin, aussi petite que cette différence puisse
être, pour le distinguer du commencement du suivant. C'est pourquoi dans l'exemple,
(voy. O , N°. 2), toutes les notes ne forment qu'un seul dessin, parce qu'il n'y a
pas cette petite différence dont nous venons de parler, qui puisse le diviser en
deux ou plusieurs dessins. Le même exemple pourrait être divisible en deux dessins, en l'écrivant de la manière suivante: (voy. P). Chacun sent ici que dans
la seconde mesure il y a un petit point de repos, ou quart de cadence, lequel se
fait en altérant le mouvement de: (voy. O, N°. 2), qui marchait par doubles
croches; et qui est ici: (voy. P), dans la seconde mesure, interrompu par une
simple croche. Aussi faible que soit ce point de repos, il est néanmoins suffisant
pour partager le membre en deux parties égales, ou en deux dessins différens.

D'après la même manière, on pourrait diviser ce même exemple (voy. O , N°. 2)
en quatre parties, ou bien en quatre dessins, par exemple (voy. Q).

Une seule note ne peut jamais former un dessin. Un dessin ne peut donc
avoir moins de deux notes; encore il ne faut pas que la première de ces deux
notes soit trop brève. Un dessin de deux notes exige toujours qu'on le répète,
par exemple (voy. R).

Dans l'exemple suivant: (voy. S , N°. 1), la première note, quoique longue
et suivie d'une pause, ne forme pas un dessin, d'après la remarque que nous venons
de faire; et même, après la troisième note de cet exemple, il n'y existe pas une
cadence sensible, qui serait suffisante pour distinguer un dessin de l'autre; la
raison en est que les trois premières notes sont trop séparées l'une de l'autre, et
par cette raison ne forment pas un véritable sens mélodique; et qu'on sent la Mélodie
comme si elle était écrite ainsi: (voy. S , N°. 2). Au fond (S , N°. 1), n'est autre
chose qu'une légère variation de (S , N°. 2 .)

Mais l'exemple suivant: (voy. T) est bien différent de (S , N°. 1): les trois
premières notes étant plus liées, chantent mieux, et par conséquent peuvent former

un dessin. Après ces explications, un peu sèches, mais très indispensable pour l'intelligence d'un Traité de Mélodie, il est tems de revenir aux périodes (1).

Les périodes sont longues ou courtes comme dans le discours. Plus elles sont longues plus elles contiennent de membres. Les plus courtes sont celles qui ne contiennent que deux membres. Mais comme chaque chose dans la nature a son exception, il arrive qu'on peut créer quelquefois aussi des périodes d'un *seul* membre, mais dont on ne peut pas faire beaucoup d'usage; et on pourrait les appeler alors des périodes irrégulières, parce qu'elles ne contiennent qu'on rhythme sans son compagnon. Par exemple, la première période de l'air si connu de *la belle Gabrielle*, n'est composée que d'un membre (voy. U).

La seconde période du même air est régulière parce qu'elle a une demi-cadence dans la cinquième mesure, et que le rhythme a son compagnon, ce qui manque à la première période.

De même la première période du viel air anglais si connu: *God save the king*, par exemple (voy. V).

La seconde période mérite aussi d'être remarquée dans ce même air; car elle n'a pas une demi-cadence, et par conséquent elle n'a qu'un seul membre et qu'un seul rhythme; malgré cela, elle produit l'effet d'une période plus régulière que la première; la cause en est qu'elle a un rhythme long, lequel est divisible en deux parties égales; de sorte qu'on croit sentir un rhythme de quatre mesures avec son compagnon. C'est ce qu'on ne trouve pas dans la première période; car. 1°. le rhythme n'en est pas assez long; 2°. ce qui s'y oppose, c'est le quart de cadence, lequel tombe dans la quatrième mesure et non dans la troisième; c'est ce qui fait qu'on ne peut pas diviser cette première période en deux parties égales. Mais on pourrait la diviser en trois parties égales (voy. X), et c'est la raison pour laquelle cette période, quoiqu'irrégulière, ne produit pas un effet désagréable; car il y a une espèce de symétrie, laquelle provient de ce que chaque dessin contient deux mesures, qui donnent à la Mélodie une marche régulière et qui fait l'effet suivant: 1--2—1--2—1--2.

On peut tirer delà cette règle, pour des périodes d'un seul membre, principalement quand le rhythme surpasse le nombre de quatre mesures; le rhythme qui forme une période doit être divisible en deux, trois et quatre parties égales; par exemple (voy. Y).

---

(1) Nous avons vu dans ce qui a précédé que le membre et le rhythme sont employés à peu près dans la même acception. Cependant, il y a une différence entre les deux qu'il est nécessaire de faire ici. Le membre et le rhythme sont égaux quant à la quantité des mesures; mais ils diffèrent en ce que le rhythme ne fait que compter la quantité de mesures d'un membre, tandis que celui-ci s'occupe du dessin; et tout en gardant la même quantité de mesures, c'est à dire en gardant le même rhythme, le membre peut varier son dessin; tantôt le membre n'a qu'un seul dessin, tantôt il en peut avoir deux, trois et même plus; et une période peut être régulière par rapport au rhythme, et très-défectueuse par rapport au dessin de ses membres; comme il arrive, quand un compositeur lie deux dessins hétérogènes et détruit par là l'unité de sa Mélodie.

De même la première période de l'exemple (voyez Z) est une période d'un seul rhythme, lequel se laisse diviser en deux parties égales (1). Le rhythme est partout ici de deux mesures. Mais comme la mesure est longue, et que le mouvement en est lent, il faut se le représenter comme écrit de la sorte (voyez A^2), où le rhythme contient quatre mesures; ou bien aussi de la manière suivante (voy. B^2), où il y a pareillement quatre mesures.

On pourrait demander pourquoi nous appelons période la première partie de cet air (voyez Z), qui n'a qu'un rhythme, et pourquoi les trois membres ensemble ne forment pas une seule période? Qu'est-ce qui distingue une période d'une autre période? Sans doute c'est la cadence d'un membre, quand elle forme une cadence parfaite, sur laquelle cadence on ne peut pas sentir une demi-cadence, et encore moins un quart de cadence; car si la cadence parfaite ne la déterminait pas, il n'y aurait pas de raison pour qu'une Mélodie de cent ou de deux cents mesures ne format une période tout aussi-bien qu'une Mélodie de quatre, huit ou douze mesures. Et s'il existe un moyen de fixer une longue période, pourquoi ne l'adopterait-on pas pour une courte, comme cela se pratique dans l'éloquence et la poésie?

Cependant il faut qu'un membre qui doit former une période ne soit pas trop court, et qu'il ait au moins quatre mesures; ou bien deux mesures longues et d'un mouvement lent, comme dans l'exemple de l'air de Haendel cité plus haut. La première période du même air a une cadence parfaite si déterminée, que par cela même elle se distingue parfaitement de la période suivante. Outre cela, cette période fait une exception en fait de périodes, par rapport à sa brièveté. Si un compositeur voulait faire du membre mélodique suivant (voyez C^2) une période, et principalement s'il voulait la déterminer par l'Harmonie (voyez D^2), alors il ferait une exception qui pourrait produire un bon ou un mauvais résultat: dans le premier cas la période serait admissible, et dans le second, elle serait à rejeter. Mais ce qui sera toujours plus sûr, c'est d'ajouter à ce membre un second membre, pour former une période régulière (voyez E^2) (2). La Mélodie même dans cet exemple fait une exception, en ce qu'elle fait sa demi-cadence sur la Tonique, laquelle demi-cadence né devrait pas avoir lieu sur cette note; car cette note appartient à la cadence parfaite mélodique de la période; mais, comme nous l'avons remarqué, le rhythme fait désirer son compagnon, et cette cadence étant par cela affaiblie, n'est sentie que comme demi-cadence. Le quart de cadence dans la seconde mesure, lequel ressemble à une demi-cadence, et le quart de cadence dans la sixième mesure, lequel même ressemble à une cadence parfaite, font l'effet, par la même raison, d'un quart de cadence, parce qu'ils tombent au milieu et non à la fin du premier et du second rhythmes.

---

(1) La note finale de cette première période, le *si*, devient ici une nouvelle tonique, parce que la Mélodie module en *si*.

(2) La note *la*, marquée par une (+) dans l'exemple, devient ici tonique, parce que la Mélodie module en *la*.

SUR LES PÉRIODES D'UN SEUL MEMBRE.

Une période d'un seul membre ne peut pas former une Mélodie entière, à cause de sa brièveté; car chacun s'attend, après une période pareille, à une suite de la Mélodie: delà vient qu'une cadence parfaite d'une période pareille produit pres- que l'effet d'un trois-quarts de cadence (1), principalement si l'on y module à la dominante. Cependant on peut faire usage de cette période: 1°. comme l'annonce d'un chant; 2°. en général, comme de petites ritournelles au commencement, au milieu ou à la fin d'un air, d'un rondeau, d'une romance, etc.; 3°. dans les petits airs à reprises (principalement dans les airs de ballets).

SUR LES PÉRIODES DE DEUX MEMBRES.

Les périodes composées de deux membres appartiennent déjà aux périodes régu_ lières. Il faut que le premier membre ait une demi-cadence, et le second une cadence parfaite. Le rhythme a par conséquent son compagnon. Le second membre n'est souvent qu'une répétition du premier avec une légère altération, par exemple (voyez F². N°.1).

Dans la première période de cet exemple, la cadence du premier membre se fait ainsi: (voyez F². N°.2). et la cadence du second membre de l'exemple N°.1, de la sorte: (voy. F². N°.5).

Ces deux membres se ressemblent parfaitement dans tout le reste. Aussi petite que cette différence puisse être, elle est importante, parce qu'elle distingue suffisamment un membre d'un autre. C'est ici le lieu de faire la remarque suivante: une cadence parfaite est toujours affaiblie au point qu'elle devient une demi-cadence, quand on saute subitement de la tonique à une autre note quelconque. Lorsque cela s'est fait après le premier rhythme, comme dans cet air de Gluck (voy. la quatrième mesure de cet air), alors la demi-cadence devient encore plus sensible, parce qu'on s'attend au compagnon du rhythme.

La seconde période de cette Mélodie est composée également de deux membres, lesquels ont entr'eux une grande ressemblance (ainsi qu'avec les membres de la pre_ mière période), parce que tous les quatre sont composés du même dessin, qui varie très-peu entre eux. En général, les airs ont beaucoup de charme, quand ils sont faits de la sorte, c'est-à-dire quand les dessins se ressemblent par rapport au mou_ vement, et se distinguent par rapport aux notes et aux cadences. De même le charme d'une Mélodie de plusieurs périodes augmente, lorsque le compositeur sait ramener

---

(1) C'est-à-dire plus qu'une demi-cadence et moins qu'une cadence parfaite. Les périodes d'un seul membre ont cet [...] le désavantage ou d'être trop courtes, ou bien d'être composées d'un membre trop long, et par conséquent d'avoir un un rhythme trop long.

souvent un dessin saillant dans le courant de son morceau, par exemple, comme Haydn, qui a su tirer un grand parti de ces répétitions, et donner par-là une grande unité à sa composition.

Les membres d'une période sont composés, 1°. de dessins égaux sans altération de notes; 2°. de dessins égaux avec changement de notes; 3°. de dessins inégaux.

Ceux du second cas sont les meilleurs, car ils ont plus de variété que ceux du premier et plus d'unité que ceux du troisième.

La plus grande partie des Mélodies connues, et qui nous charment, ont des périodes composées des membres du second cas: par exemple (voy. G^2, N°. 1 et N°. 2).

Dans sa seconde mesure. Le premier membre du N°. 2 fait (voy. G^2, N°. 3); et le second membre dans sa seconde mesure fait: (voy. G^2, N°. 4).

Ce changement est si peu de chose que la ressemblance des dessins n'en est point effacée. On peut employer quelquefois de pareils changemens dans les dessins d'une manière très-piquante, par exemple (voy. H^2, N°. 1), où la seconde mesure du premier membre diffère de la seconde mesure du second membre, pendant que tout le reste se ressemble.

Dans ces sortes de périodes de deux membres, il arrive souvent qu'on ajoute deux mesures au second membre, en le prolongeant, ou bien qu'on en répète les deux dernières mesures; par exemple (voy. H^2, N°. 2).

Notre sentiment paraît prendre plaisir à cette addition; et on peut l'employer souvent à la fin des périodes, quand il ne s'agit pas d'une égalité rigoureuse de rhythme, comme dans les airs de ballets. On pourrait appeler cette addition la *Coda* d'un membre ou d'un rhythme, parce que le compagnon obtient par-là deux mesures de plus, et fait par conséquent un rhythme et demi. La règle principale en est, qu'on s'attend déjà dans la quatrième mesure à une cadence parfaite, et qu'on pourrait l'y fixer, sans avoir égard à la coda. Dans le cas où l'on ne s'attendrait pas ici, après la quatrième mesure, à une cadence parfaite, on ferait nécessairement un rhythme de 6 mesures au lieu de 4, et on n'obtiendrait pas le compagnon nécessaire, ce qui serait une faute impardonnable; par exemple (voy. H^2, N°. 3).

On sent ici qu'il n'est pas possible de faire une cadence dans la quatrième mesure, ni une demi-cadence, ni même une cadence interrompue; et qu'il est absolument nécessaire d'y ajouter quelques mesures (bonnes ou mauvaises) pour achever la période.

C'est par cette raison que dans l'exemple (voy. H^2, N°. 3), le rhythme est de 6 mesures, et non de 4 et 2, ainsi que dans l'exemple (voy. H^2, N°. 2); et comme dans l'exemple (voy. H^2, N°. 1), le premier membre a un rhythme de 4 mesures, on ne peut pas lui donner le second membre de 6 mesures, mais bien de 4 et 2. Tout le monde sent que le même membre dans l'exemple (voy. H^2, N°. 3) est fort traînant, n'est pas naturel, est tourmenté et bizarre; et que dans l'exemple (voy. H^2, N°. 2) au contraire, il est agréable et naturel.

Nous mettrons encore ici un exemple d'une pareille coda d'un membre: (voy. I^2).

Tout le monde sent ici que la période peut se terminer à la huitième mesure, et le devrait sans la coda, qui est tout-à-fait arbitraire. La coda est donc une *cadence interrompue*, laquelle exige qu'on tombe sur une autre note que la tonique, ou bien qu'on saute subitement de la tonique à une autre note, comme nous l'avons observé. Si Mozart avait terminé la huitième mesure de l'exemple précédent de la manière suivante: (voy. I², N°. 2), il n'existerait pas une cadence interrompue, au moins dans la Mélodie, mais une véritable cadence parfaite, avec laquelle la période serait terminée, et ce qui suivrait ne serait point une coda, mais un commencement d'un autre membre, d'un nouveau rhythme et d'une autre période.

Nous mettrons ici différentes manières de finir une période mélodique, et ensuite différentes formes de cadences interrompues, et de plus, une table de demi-cadences ; ce qui peut devenir avantageux à plus d'un Mélodiste. Pour la terminaison des périodes, (voyez K²).

Ces mêmes formes de cadences parfaites d'une gamme majeure peuvent être transposées dans une gamme mineure, en changeant la tierce majeure en tierce mineure, et souvent la sixte majeure en sixte mineure. On voit qu'elles se terminent avec la note principale (c'est-à-dire avec la tonique). Si par conséquent dans ces cadences la dernière note n'est point la tonique, et que celle-ci après avoir été frappée, saute sur une autre note, elle devient cadence interrompue. (voy. L²).

Plusieurs de ces cadences interrompues ressemblent à des demi-cadences, mais l'effet n'en est pas le même; notre sentiment sait parfaitement bien distinguer l'une de l'autre, et il ne les confondra pas, pourvu que le compositeur ne se trompe pas lui-même; ce qui pourrait facilement arriver, s'il faisait une cadence interrompue, au lieu de faire une demi-cadence, et réciproquement. Il est vrai que l'Harmonie peut beaucoup contribuer à cette distinction, comme on le verra dans le supplément de cet ouvrage.

Ces mêmes cadences sont aussi transposables dans le mode mineur. Pour les demi-cadences, (voy. M², N°. 1).

En comparant cette table de demi-cadences avec les cadences parfaites, on voit la richesse des demi-cadences mélodiques.

Cette même table est transposable aussi dans le mode mineur.

SUR LE COMPLÉMENT DE LA MESURE APRÈS UNE PHRASE, MÉLODIQUE.

Dans l'exemple cité (voy. I².) de Mozart, il se trouve que les trois dernières notes de la quatrième mesure n'appartiennent ni au membre qui précède, ni au membre qui suit, parce que le premier membre finit avec la première croche de cette mesure, et que le membre suivant ne commence qu'avec la cinquième mesure. Ces trois notes (voy. M². N°. 2) forment par conséquent un dessin particulier, que nous appellerons

COMPLÉMENT DE LA MESURE. Ce complément devient nécessaire quand il se trouve une trop grande pause entre deux membres, et même souvent à la fin de la période. Mais il faut le choisir de telle manière que le sentiment puisse le séparer des membres. Delà vient qu'on le fait très rarement dans la partie qui conduit la Mélodie ; mais dans une autre partie qui lui sert d'accompagnement ; très-souvent on le laisse faire par la basse, ou même par des parties intermédiaires.

Si le premier membre se termine de la sorte: (voy. N 2, N°. 1) c'est-à-dire sur la seconde moitié des mesures paires, et sur le second tems des mesures impaires, alors le complément de la mesure n'est pas nécessaire, parce que la pause n'étant pas trop longue, la Mélodie remplit la mesure suffisamment. Par cette raison, les périodes mélodiques se terminent souvent de la sorte: (voy. N 2, N°. 2), au lieu de (voy. N 2, N°. 3), pour remplir la mesure par la Mélodie même.

Une règle principale pour le complément de la mesure, est qu'il soit dans le caractère de la Mélodie où il se trouve. J'ai souvent entendu d'assez bonnes Mélodies, mais qui péchaient tellement par un mauvais choix du complément de la mesure, qu'elles en perdaient la moitié de leur charme: tant il faut peu de chose pour nuire à la Mélodie!

C'est ici le lieu d'expliquer deux phénomènes remarquables dans la théorie du rhythme : le premier, lorsqu'il faut compter deux mesures pour une, dont par conséquent il y en a une sous-entendue ; et l'autre, lorsqu'on lui ajoute des mesures qui ne comptent point, et que nous appellerons *Écho*.

I.

DES MESURES SOUS-ENTENDUES DANS LE RHYTHME,

OU DE LA SUPPOSITION.

Qu'on observe le membre suivant (voyez O 2), où il y a nécessairement une cadence à la quatrième mesure. Il arrive qu'en répétant immédiatement ce même membre, on en prend la mesure finale pour la mesure initiale du membre répété (voyez P 2). Chacun sent qu'avec la quatrième mesure de ce dernier exemple le premier membre finit, et que le rhythme en est par conséquent de quatre mesures, quoiqu'il n'en ait réellement que trois ; mais comme cette même quatrième mesure est en même tems le commencement du membre suivant, qui n'est que la répétition du premier, il faut se représenter cette mesure comme double, ou bien la supposer dans le premier rhythme, quoiqu'elle ne s'y trouve pas. C'est par cette raison que nous appellerons ce cas la *Supposition*. Le sentiment se fait ici illusion, en prenant une mesur pour deux, et paraît y trouver quelque chose de piquant, lorsque le compositeur a placé la supposition à propos.

Dans un duo exécuté alternativement par deux voix, la supposition peut souvent avoir lieu, lorsque la phrase de la première partie se termine par la mesure dans laquelle commence la seconde partie ; laquelle mesure doit être considérée comme la mesure finale du rhythme de la première, et la mesure initiale du rhythme de la seconde; par exemple (voyez Q^2), où la quatrième mesure compte pour deux. La même chose arrive, quand une partie termine son *solo*, et que la mesure finale devient le commencement de la ritournelle qui suit.

A la fin d'une période, et là où l'on emploie des cadences interrompues, la supposition a aussi souvent lieu; par exemple (voy. R^2), où chacun sent qu'après le premier et le second membre de cet exemple, la mesure finale manque, et qu'elle se trouve enveloppée dans la mesure suivante, qu'il faudrait ajouter nécessairement, sans les cadences interrompues. La supposition peut encore avoir lieu entre deux périodes, lorsque la mesure finale de la première sert en même tems pour le commencement de la seconde période, par exemple (voy. S^2, N°. 1), où la huitième mesure compte pour deux. On l'emploie dans ce dernier cas, pour éviter des pauses après la note finale de la première période, avant de pouvoir commencer la seconde, pour donner plus de chaleur, principalement à une Mélodie exaltée. Cependant il faut en user dans ce cas avec discrétion, et plutôt remplir les pauses avec le complément de mesure dont nous avons parlé plus haut: par exemple, on pourrait mettre, au lieu de la mesure supposée de l'exemple précédent, la mesure suivante: (voy. S^2, N°. 2).

Dans les airs de ballets où le rhythme est rigoureux, la supposition ne peut pas avoir lieu.

II.

SUR L'ÉCHO MÉLODIQUE.

Dans ce cas on ajoute une ou plusieurs mesures à un rhythme, sans que le rhythme en soit plus long, ce qui se fait par le moyen d'un *écho*. Cet écho a lieu, lorsqu'on répète exactement la dernière, ou les deux dernières mesures d'un membre par d'autres voix, soit à l'unisson, soit à l'octave; par exemple (voy T^2).

La symétrie exige, dans de pareils exemples, que l'écho soit répété aux mêmes distances: c'est pourquoi le rhythme semble avoir ici six mesures au lieu de quatre; mais ce qui prouve qu'il n'en a en effet que quatre, c'est qu'en supprimant l'écho, la période est complète et régulière, par exemple (voy. U^2); c'est ce qui ne peut avoir lieu dans un véritable rhythme de six mesures, dont on ne peut rien supprimer sans détruire la Mélodie.

SUR LA DIFFÉRENCE DES RHYTHMES
RELATIVEMENT A LA QUANTITÉ DE MESURES.

Il y a beaucoup de personnes qui s'imaginent qu'il n'existe en Musique que le rhythme de 4 mesures, qu'on appelle vulgairement le *Rhythme carré*; mais pour se détromper, elles n'ont qu'à analyser sous ce rapport les compositions des grands maîtres, et elles seront convaincues du contraire. En général, la nature paraît rebuter tout ce qui pourrait aboutir à la monotonie dans notre art; et pour cet effet, elle ne nous a pas donné seulement le rhythme de 4 mesures, mais aussi bien ceux de 2, 3, 5, 6 et 8. D'après cela, nous diviserons le rhythme en mesures paires et en mesures impaires.

1°. *Rhythmes de mesures paires:*

Rhythmes de 2, de 4, de 6, et de 8 mesures.

2°. *Rhythmes de mesures impaires:*

Rhythmes de 3 et de 5 mesures.

Il est vrai que la nature a favorisé particulièrement le rhythme de quatre mesures, et qu'elle veut qu'il soit plus généralement employé que les autres; et c'est par cette raison qu'il se laisse si facilement amalgamer avec eux.

D'après la classification indiquée, on peut diviser encore le rhythme en *rhythme court* et en *rhythme long*. Les rhythmes courts sont de deux, de trois et de quatre mesures, et les rhythmes longs de cinq, de six et de huit mesures. Le plus court serait donc celui de deux mesures, et le plus long celui de huit.

Pour l'avantage des rhythmes de mesures en nombre impair, auxquels beaucoup de personnes, par préjugé, ne paraissent point favorables, il est à remarquer qu'en les employant, s'ils ne produisent pas l'effet attendu, ce n'est pas la faute de ces rhythmes auxquels la nature a destiné de certaines Mélodies, mais bien la faute des compositeurs, qui forcent la Mélodie dans des rhythmes de nombre impair, et dont la nature exige le nombre pair, et réciproquement (1).

1°. *Du Rhythme de deux mesures.*

Comme ce rhythme est très-court, il est principalement employé dans des morceaux lents; par exemple (voyez V^2).

Dans les mesures courtes, comme $\frac{3}{8}$, $\frac{2}{4}$, $\frac{3}{4}$, $\frac{6}{8}$, principalement quand le mouvement en est accéléré, on ne peut pas faire beaucoup d'usage de ce rhythme, parce qu'il paraît trop court.

2°. *Rhythme de quatre mesures.*

Il serait superflu de donner ici des exemples de ce rhytme, attendu que nous en avons déjà donné avec les remarques nécessaires.

3°. *Rhythme de six mesures.*

Ce rhythme est un des meilleurs après celui de quatre mesures. On en peut tirer grand parti, mais il faut qu'il soit divisible en deux ou trois parties égales, comme nous

---

(1) Le meilleur rhythme est donc celui de quatre mesures; immédiatement après lui viennent les autres rhythmes de mesures paires, c'est-à-dire de deux, de six et de huit mesures.

l'avons déjà observé plus haut. Quand il se laisse diviser en deux parties égales, c'est-à-dire de trois mesures en trois mesures, il est composé de deux dessins; et lorsqu'il est divisible en trois parties, c'est-à-dire de deux mesures en deux mesures, il est composé de trois dessins. Dans le premier cas, il ne faut pas croire, comme beaucoup de personnes sont tentées de le faire, que ce rhythme de six mesures soit un rhythme de trois mesures avec son compagnon; car, quand un dessin n'a pas une demi-cadence bien déterminée, il ne fait pas un membre entier de la Mélodie, et le rhythme n'est point terminé. (Voyez les exemples X^2, N°. 1, 2, 3, et 4.)

Ce rhythme n'exige pas toujours un compagnon; il peut même suffire pour former une période courte, comme nous l'avons vu dans la première période de l'air de *la belle Gabrielle;* ou bien, au lieu de compagnon, il peut être suivi d'un rhythme de quatre, comme dans (voy. X^2, N°. 1).

4°. *Rhythme de huit mesures.*

Il faut que ce rhythme soit divisible de deux en deux, ou de quatre en quatre mesures, et que ces mesures soient d'un mouvement accéléré, principalement dans la mesure à quatre tems. (1) Il n'exige pas un compagnon, quoiqu'on puisse lui en donner un. (Voy. Y^2, N°. 1, 2, 3 et 4.)

5°. *Rhythme de cinq mesures.*

Ce rhythme exige un compagnon; cependant on l'emploie quelquefois sans son compagnon; ce qu'il faut pourtant éviter autant que possible. (Voyez Z^2, N°. 1, 2, 3 et 4).

6°. *Rhythme de trois mesures.*

Comme il exige toujours un compagnon, il faut nécessairement qu'il se termine avec une demi-cadence bien prononcée, sans quoi il ferait avec ce compagnon un rhythme de six mesures; erreur dans laquelle on tombe souvent quand on veut employer le rhythme de trois. (Voy. A^3.)

Dans les mesures courtes et d'un mouvement vite, le rhythme de trois mesures a quelque chose de sautillant et même de burlesque, comme par exemple dans l'air suivant, où les cadences se font sur la tonique et sur le tems faible de la mesure: (voy. B^3, N°. 1).

---

(1) Un compositeur célèbre, en faisant un air de danse, y mit une phrase de 8 mesures divisée comme il suit: 5 — 3. Le maître de ballet critiqua cette phrase, en disant qu'elle était boiteuse, et qu'il ne savait comment régler ses pas sous ce trait de chant. Le musicien répondit qu'il ne comprenait pas qu'une phrase de 8 mesures pût être boiteuse: elle l'est par la division de 5 et de 3 répliqua le maître de ballet.

Cette anecdote est une leçon salutaire pour des compositeurs qui ignorent la théorie du rhythme musical.

Un rhythme de sept mesures ne peut pas être admis, parce qu'il n'est divisible ni en deux ni en trois parties égales ; ce qui est une propriété essentielle des rhythmes qui surpassent le nombre de cinq mesures.

Il y a des chants qui ont l'air d'avoir un rhythme de sept mesures, tandis qu'ils en ont huit en effet. Par exemple (voy. B³, Nº. 2). Ce début d'une ouverture de Paisiello a l'apparence de marcher de sept en sept mesures, tandis qu'il marche réellement de huit en huit. La raison en est qu'il faut compter ici entre la sixième et septième mesures deux mesures au lieu d'une, par rapport à la supposition ; et après la treizième mesure, il faut encore compter une mesure de plus, comme appartenante au rhythme, quoiqu'elle soit muette dans la partition. Pour en trouver la raison, changez ce début de manière que deux mesures n'en fassent qu'une ; par exemple (voyez B³, Nº. 3). Comparez maintenant le Nº. 3 avec le Nº. 2 , et vous serez pleinement convaincu de ce que nous avançons.

Dans le Nº. 3 , les seize mesures du Nº. 2 sont renfermées en huit mesures, en comptant la supposition dans les deux numéros. Cet exemple nous fournit les règles suivantes pour garantir les compositeurs des fautes qu'ils pourraient faire en pareil cas, tout en voulant les éviter :

Il faut se représenter deux mesures comme n'en faisant qu'une seule dans les mouvemens fort accélérés, sans quoi on s'exposerait souvent à prolonger son chant ou à le diminuer d'une mesure ; ce qui le rendrait boiteux, sans que le compositeur pût s'en rendre compte.

Un vrai rhythme de sept mesures est le suivant : (voy. B³, Nº. 4) ; mais aussi la Mélodie en est vague, incertaine et sans charme ; et même ce n'est point de la vraie Mélodie : ce n'est qu'une espèce de déclamation mesurée.

Le rhythme de huit mesures peut être envisagé comme un *maximum* ; un rhythme de plus de huit mesures ne serait point appréciable, par sa longueur même.

Il est important pour un compositeur d'étudier la nature et les caractères de ces différens rhythmes, pour les employer à propos et avec succès.

En général, les rhythmes courts sont plus propres à des Mélodies légères et gaies, tandis que les rhythmes longs sont en général plus graves, plus sérieux et plus imposans (1).

D'après ce que nous venons de dire sur la différence des rhythmes, il est facile de concevoir que les périodes de deux membres peuvent avoir de la variété par rapport au rhythme, comme on le peut voir par la table suivante :

---

(1) Comme la théorie du rhythme est une des choses les plus essentielles de l'Art mélodique, nous placerons avant d'arriver au *supplément* un article raisonné et instructif sur cet objet.

PÉRIODES DE DEUX MEMBRES.

PREMIER MEMBRE.	DEUXIÈME MEMBRE.
1°. Rhythme de 2 mesures.	Son compagnon.
2°. Rhythme de 3 mesures.	Son compagnon.
3°. Rhythme de 4 mesures.	Son compagnon.
4°. Rhythme de 5 mesures.	Son compagnon.
5°. Rhythme de 6 mesures.	Son compagnon, ou bien un rhythme de 4.
6°. Rhythme de 8 mesures.	Son compagnon.

Nous appellerons rhythme final celui qui termine une période, et qui a par conséquent toujours une cadence parfaite, ou bien trois quarts de cadence.

DES POINTS D'ORGUE,

QUAND ILS ONT LIEU SUR LA PÉNULTIÈME OU L'ANTÉPÉNULTIÈME, OU BIEN SUR LES DEUX NOTES À LA FOIS ; OU DU RETARD DE LA CADENCE FINALE.

Il y a encore un cas remarquable dans la théorie du rhythme qui le prolonge par le point d'orgue de la *pénultième* ou *antépénultième*, ou bien sur les deux notes à la fois.

Il arrive qu'à la fin d'une période on place sur la pénultième ou antépénultième, ou bien sur ces deux notes à la fois, un point d'orgue, qu'on exprime en Musique par le signe ⌒ , sur lequel on s'arrête d'une manière arbitraire, c'est-à-dire, tantôt plus longuement, tantôt plus brièvement, mais toujours beaucoup plus longtems que la valeur des notes l'indique; par exemple (voy. C³).

Comme les deux notes dans cette période marquées par le signe ⌒ doivent être exécutées d'une manière plus longue qu'elles ne sont marquées, à peu près comme (voy. C³, N°. 1), ou comme (voy. C³, N°. 2), il s'ensuit que le rhythme au N°. 1 est d'une demi-mesure plus long qu'il ne doit être, et au N°. 2 d'une mesure entière. Il est remarquable que cela, loin de choquer notre sentiment, paraît lui faire un plaisir particulier; la raison en est, qu'arrivant au premier de ces deux points d'orgue, le sentiment est assuré du rhythme qui ne l'inquiète plus, et se trouve surpris d'une manière agréable par une intention bien placée par le compositeur.

Ce point d'orgue sur la pénultième ou antépénultième d'une période (car on n'en fait usage qu'à la fin de la dernière période d'une Mélodie), je l'appelle *Retard de la cadence*, ou tout simplement *Retard*.

Ce retard se fait par l'exécutant de différentes manières avec différens dessins mélodiques, qu'on peut appeler *Agrémens* de la cadence. Quelquefois ces agrémens (qui ne sont jamais mesurés) sont indiqués par le compositeur même; par exemple, 1°. sur l'antépénultième (voy. D^3, N°.1.). La note antépénultième est dans ce cas-là toujours ou la tierce ou la quinte, plus rarement la tonique. Ces dessins doivent être faits sur l'accord parfait de la tonique, qui se trouve dans ce cas toujours dans son second renversement, qui est la sixte et quarte; par exemple, (voy. D^3, N°. 2) en *ut*, c'est-à-dire que tous les dessins de l'antépénultième doivent ressortir de cet accord: règle que beaucoup de chanteurs ignorans blessent en inventant ces agrémens arbitraires. 2°. Les agrémens sur la pénultième, par exemple (voy. E^3, N°. 1). La note pénultième est toujours ou la seconde ou la septième, rarement la dominante. L'accord dans ce cas est celui de septième dominante sans renversement. Il s'en suit que tous les agrémens sur cette note doivent ressortir de cet accord.

Il ne faut pas que le chanteur abuse de ces points d'orgue, et qu'il en fasse des airs séparés par une longueur disproportionnée, en faisant totalement oublier la fin du rhythme que le public a droit d'attendre avec impatience; et qu'il ne se mette pas dans le cas de ce virtuose à qui le fameux Hændel ne put s'empecher de crier à haute voix: *Dieu merci, monsieur le Virtuose, vous voilà donc rentré chez vous !*

Ce retard de la pénultième et de l'antépénultième explique un cas remarquable dans la théorie du rhythme, qui est que le rhythme final, qu'on peut envisager comme compagnon du précédent, a quelquefois une mesure de plus qu'il ne devrait avoir sans que cela blesse notre sentiment; ce qui arrive lorsque le compositeur, au lieu de faire un point d'orgue sur ces deux notes, leur donne une valeur déterminée, et au lieu de faire: (voy. E^3, N°. 2), il fait ceci: (voy E^3, N°.3), où le rhythme a une mesure de plus qu'il ne devrait avoir, et au lieu d'en avoir quatre ou huit, il en a cinq ou neuf. L'exemple suivant, déjà cité plus haut, dont le rhythme devient plus court par la supposition, peut finir ici de cette manière (voy. F^3), où le dernier rhythme est, par le retard, augmenté d'une mesure, ce qui est le contraire de la supposition.

Pour se convaincre qu'au moyen de la supposition et du retard à la fin de la période, la Mélodie peut devenir très-piquante, on n'a qu'à comparer l'exemple suivant (voy. G^3) avec le précédent. Quelle différence entre ces deux exemples! L'exemple (voy. F^3) est plein de force et d'énergie, celui (voy. G^3) est faible et monotone.

DU CONDUIT MÉLODIQUE.

Un point d'orgue se place aussi quelquefois sur la dernière note (ou l'ultième) de la période, qui se termine sur la dominante. Il sert pour faire un conduit de la dominante à la tonique, au moyen de quelques dessins mélodiques arbitraires; par conséquent nous l'appellerons *Conduit mélodique,* ou simplement *Conduit.* Le conduit ne peut donc jamais avoir lieu dans une période finale; mais, en revanche, on peut le placer sur la note finale d'une demi-cadence, au milieu d'une période, par exemple (voy. H^3, N°. 1).

Ce point d'orgue ne peut avoir lieu que sur l'accord parfait majeur de la domi_ nante, ou bien sur l'accord de septième de cette note; et entre deux membres qui commencent avec le même dessin. Bref, le conduit exige toujours qu'on revienne sur quelque chose déjà entendu; il faut qu'il soit court dans ce cas là: quelquefois il n'a que les deux notes suivantes (voy. H^3, N°. 2).

Le conduit est souvent prescrit par le compositeur, mais plus souvent confié au goût du chanteur. Nous verrons dans la suite comment on doit traiter le conduit sur l'*ultième* d'une période intermédiaire.

Pour se rappeller tous les mots techniques que nous avons employés, il ne sera pas superflu de les présenter ici rassemblés sur un tableau.

TABLEAU DES MOTS TECHNIQUES EMPLOYÉS DANS LA MÉLODIE.

1°. QUART DE CADENCE, ou point de repos plus faible qu'une demi-cadence, et qui sert à séparer un dessin mélodique de l'autre.

2°. DEMI-CADENCE, qui sépare un membre et un rhythme de l'autre; et qui doit être par conséquent plus forte que la cadence précédente.

3°. TROIS-QUARTS DE CADENCE, qui est plus fort que la demi-cadence, et plus faible que la cadence entière, mais qui termine une période aussi bien que cette dernière, et dont la différence n'existe que dans le ton où l'on finit. Ainsi, la première période d'un air de deux reprises qui finit sur la dominante, ne serait qu'un trois-quarts de cadence parce qu'elle exige nécessairement une autre période, pour revenir à la tonique.

4°. CADENCE PARFAITE, qui termine la période d'une manière positive et indubitable; ce qui n'empêche pas d'y ajouter d'autres périodes, si on le juge à propos.

5°. CADENCES INTERROMPUES, où, au lieu de la note finale, on tombe sur une autre, ou bien on saute subitement de la note finale sur une autre note.

6°. DESSIN MÉLODIQUE, petite idée séparée par un quart de cadence, et dont deux ou trois peuvent former un membre, qui doit former lui-même une demi-cadence.

7°. MEMBRE D'UNE PÉRIODE, composé d'un seul ou de plusieurs dessins, doit faire un rhythme, et former une demi-cadence.

8°. PÉRIODE, elle peut être composée de différens dessins et de différens membres. Sa cadence est finale, ou bien d'un trois-quarts de cadence (qu'on peut appeller cadence parfaite relative au ton).

9°. RHYTHME, étendue, ou nombre symétrique et comparatif des membres mélodiques. Il peut avoir toutes les cadences, hors le quart de cadence.

10°. COMPLÉMENT, petit dessin mélodique qui remplit les pauses qui se trouvent entre les membres.

11°. SUPPOSITION, c'est une mesure qui compte dans la théorie du rhythme pour deux : 1°. comme mesure finale du premier rhythme, et 2°. comme mesure initiale du rhythme suivant.

12°. L'ÉCHO est une répétion d'une partie du dessin mélodique, exécutée par d'autres instrumens, laquelle ne compte pas dans le rhythme.

13°. RETARD DE LA CADENCE, point d'orgue sur la pénultième ou l'antépénultième, ou à la fois sur toutes les deux, qui servent à placer des agrémens mélodiques arbitraires, qui ne comptent pas dans le rhythme.

14°. CONDUIT, Point d'orgue sur l'ultième du rhythme précédent (c'est-à-dire au milieu d'une période), ou sur l'ultième de la période même, lequel peut servir à quelques traits mélodiques arbitraires, qui servent de passage ou de liaison d'un membre à l'autre, ou d'une période à l'autre. Quelquefois le compositeur le prescrit et le mesure, le plus souvent il est confié au goût et au talent de l'exécutant.

15°. CODA c'est la confirmation de la fin d'un morceau; elle s'emploie aussi quelquefois à la fin d'une période, soit au commencement, soit au milieu de la Mélodie; mais dans ce cas elle est courte. Quand elle termine un morceau, elle en doit augmenter la chaleur. C'est par cette raison qu'on y emploie les cadences interrompues et la supposition, et que souvent on l'exécute avec un mouvement plus accéléré. Quant à la longueur de la *coda*, elle dépend de la durée du morceau. Lorsque la *coda* finit un grand morceau, on peut la comparer à la péroraison d'un discours oratoire.

Après avoir tout dit sur les périodes des deux membres, et en avoir donné les exem_
ples nécessaires, nous passerons aux périodes de plusieurs membres.

SUR LES PÉRIODES QUI ONT PLUS DE DEUX MEMBRES.

Il est très-facile de faire d'une période de deux membres une période de trois, quatre,
cinq et plusieurs membres: on n'a autre chose à observer, que de changer la cadence par_
faite du second membre en demi-cadence, mélodiquement et harmoniquement, ce
qui est très facile a exécuter... Delà il suit que la période n'étant pas finie, il
faut lui ajouter un troisième membre, et la période sera de trois membres. Si l'on veut
prolonger cette période de trois membres, on procédera de la même manière, et d'après cela
on peut avoir facilement des périodes de six jusqu'à sept membres, comme on peut le
voir dans l'exemple suivant (voy. 1³, Nᵒˢ 1, 2, 3, 4, 5, 6), où, d'après ce que nous venons de
dire, on a fait, d'une période primitive de deux membre, d'autres périodes de trois,
quatre, cinq, six et sept membres; on peut envisager la dernière de ces périodes comme
une des plus longues; car ce serait un défaut de les allonger au point d'ôter par cela au
sentiment les moyens de les saisir et de les embrasser. Il en est des périodes musicales
comme des périodes oratoires, qui excédant certaines limites, lassent l'attention de l'au_
diteur. C'est pourquoi les périodes de deux, trois et quatre membres, sont préférables,
généralement, aux périodes de cinq, six et plusieurs membres qui, dans certains cas pour_
raient avoir lieu. Il est vrai que dans des mesures brèves et d'un mouvement vif, les
périodes peuvent être plus longues que dans les mesures longues et d'un mouvement lent.

On allonge aussi une période d'une manière naturelle par des cadences interrompues
et par la supposition qui, nécessairement, obligent à lui ajouter d'autres membres. La pé_
riode n'est pas toujours longue seulement parce qu'elle a beaucoup de membres; car
une période pourrait devenir trop longue avec trois ou quatre membres, s'ils avait trop
d'extention. Ainsi, une période de trois membres, dans la mesure à quatre tems, dont
chaque membre aurait huit de ces mesures, ce qui ferait vingt-quatre mesures à quatre
tems, serait déjà une période d'une longueur qui ne permettrait pas d'accroissement.

Le mouvement lent de la mesure peut donner une période longue avec seize mesures, tandis
que seize mesures d'un mouvement vif ferait une période brève. C'est pourquoi il faut
avoir égard, en construisant des périodes, à la longueur de ses membres, et aux mou_
vemens de la mesure. Ces remarques nous donnent la règle suivante:

Plus le mouvement est lent, plus les membres doivent être petits; et dans ce cas là,
la période (d'un mouvement *adagio*) doit avoir plus de membres qu'ne période(d'un mou_
vement *allegro*), où, au contraire, les membres peuvent être plus longs. En général, les
les membres courts sont préférables aux longs; et parmi ces derniers, les meilleurs sont
ceux qui se laissent diviser en dessins séparés par des quarts de cadences.

On partage donc les périodes en courtes et en longues périodes. Parmi les premiè_
res, on peut compter celles de huit, douze et seize mesures; et, parmi les secondes;

celles de vingt, vingt-quatre, et jusqu'à vingt-huit mesures. Si le mouvement en est lent, en prenant les moitiés de ces quantités, on peut fixer à peu près la longueur des courtes et longues périodes d'un mouvement lent; ce qui ferait, pour les périodes courtes de ce mouvement, quatre, six, huit mesures; et pour les autres, dix, douze, quatorze mesures.

L'art de faire des périodes longues consiste, 1°. à éviter les cadences parfaites, en y substituant les demi-cadences; 2°. à les varier, de telle sorte, qu'elles ne produisent point de monotonie (1); 3°. à bien séparer par ces cadences les membres entr'eux, et par les quarts de cadences les différens dessins dont ils pourraient être composés; 4°. veiller à ce que les membres soient homogènes, c'est-à-dire qu'ils respirent le même caractère, le même sentiment, le même intérêt, sans quoi une bonne période, d'une véritable Mélodie, ne peut avoir lieu; parce que les idées nécessairement en paraîtraient décousues. Quand aux modulations, il ne faut pas que les périodes modulent trop, mais qu'elles restent, sinon dans un ton, au moins dans le ton relatif; trop de modulation principalement si les tons ne sont pas relatifs, dans une période, détruisent son charme, en lui ôtant l'unité de gamme, quoique les idées puissent être bonnes, prises isolément. Les principes du rhythme doivent être scrupuleusement observés. C'est le rhythme qui mesure symétriquement la longueur des phrases, sans quoi tout est perdu.

Voilà les sept conditons qui constituent une véritable période d'une bonne Mélodie, dont aucun génie ne peut se dispenser. La nature prescrit les principes, la nature crée le génie, la nature exige que le génie marche avec les principes.

Dans une longue période, on en peut répéter un ou deux membres, si on le juge à propos; mais les dessins dont les membres sont composés, peuvent souvent être répétés, particulièrement quand on les répète avec des sons différens, comme on l'a vu dans l'air de Haydn (voy. **H**).

Il est encore bon d'observer qu'il est préférable de faire tous les membres d'une période avec le même rhythme, comme nous l'avons vu dans l'exemple (F, N°. 1, 2, 3, 4, 5, 6,); et lorsqu'on veut changer le rhythme, il est à conseiller de le faire avec une nouvelle période. Cependant cette règle n'est point de rigueur.

SUR L'ENCHAINEMENT DES PÉRIODES.

Après avoir dit tout ce qu'il est important de savoir sur la nature et la propriété d'une période musicale, et après l'avoir considérée, prise séparément, il nous reste à parler de l'enchaînement et des rapports des périodes, pour former des Mélodies complètes et dévelopées.

---

(1) Comme il y a dans chaque gamme quatre notes différentes que la nature a principalement destinées aux demi-cadences, il est par conséquent facile d'éviter cette monotonie; et cela est encore plus facile, lorsqu'une période module en même tems dans un ton relatif, qui lui fournit encore quatre nouvelles notes pour le même effet. En les employant toutes, ce qui supposerait une période de huit membres, on ferait une très longue période

Airs d'une seule période.

Les Mélodies ou airs d'une seule période sont les moins importantes et les plus faciles à faire, parce qu'elles n'ont presque point de développemens, par conséquent elles n'ont pas le tems de moduler, et n'exigent ni conception ni plan; elles ne sont, en général, que l'épanchement doux d'une inspiration momentanée, et le plus souvent les enfans du hasard. On peut les comparer aux impromptus en poésie, qui sont des saillies d'esprit ou de sentiment.

Il y a à peu près trois sortes de ces Mélodies:

1°. Les chansons ou *canzonnetti* (en italien), comme par exemple l'air ingénieux de trois notes de J.J. Rousseau: (voy. K^3).

2°. Différens petits airs de ballets à deux reprises, par exemple (voy. L^3).

On peut envisager ces airs, où la première partie ne fait qu'une demi-cadence au lieu d'une cadence parfaite, comme une exception des Mélodies de deux périodes, d'autant plus, qu'il est très-facile dans ce cas de changer la demi-cadence de la première partie en cadence parfaite.

Cela peut se faire dans toutes les mesures, quand on termine la première partie par une demi-cadence au lieu d'une cadence parfaite, pourvu que le mouvement ne soit pas lent, sans quoi la période deviendrait trop longue, par rapport aux reprises.

Ces reprises, dans ces espèces d'airs, ont ici un triple avantage : 1°. La première reprise sépare d'une telle manière la première partie de la période de l'autre partie, que l'on croit entendre deux périodes, quoiqu'on n'en entende qu'une seule. 2°. Notre attention n'est pas si active, lorsqu'on répète cette première partie comme elle l'était la première fois, parceque ce qu'on répète nous était déjà connu; la répétition en Musique est, pour ainsi dire, un moyen agréable pour l'attention de reprendre haleine. 3°. Ces espèces de Mélodies reçoivent par ces répétitions une certaine longueur, qui dispense d'ajouter de nouveaux membres ou d'autres périodes.

Ces sortes de petits airs peuvent aussi servir de thèmes aux variations, et dans ce cas-là, avec ou sans reprise.

3°. Les Mélodies un peu plus importantes sont celles où la période est allongée avec un tel art qu'elle présente une Mélodie plus développée, particulièrement dans les mouvemens lents. On peut les appeler des *Cavatines*. En voici un exemple excellent, tiré de l'*Œdipe à Colonne* de Sacchini, et qui peut en même tems être regardé comme le modèle d'une période longue et parfaitement conçue (voy. M^3, $N^o.1$).

Le rhythme de cet air est comme il suit:

$$2 \underline{\quad} 2 \underline{\quad} 4$$
$$2 \underline{\quad} 2 \underline{\quad} 4 \underline{\quad} 4$$
$$2 \underline{\quad} 4$$
$$5 \underline{\quad} 5$$

et par conséquent très-régulier, principalement pour ce mouvement lent, ou quelqu'irrégularité dans le rhythme est toujours moins sensible que dans le mouvement vite. Quoique la demi-cadence tombe dans la quinzième mesure de cet air, le membre, et par conséquent le rhythme, ne finissent que dans la seizième mesure: (voy. M³, N°. 2) ; ce qui peut avoir lieu. Les notes gravées en petis caractères et qui appartiennent à l'accompagnement, servent, 1°. à compléter la mesure et à remplir les pauses que le chant est obligé de faire; 2°. à donner plus de mouvement et de rondeur à la Mélodie, quand le chant, par rapport aux paroles et à la prosodie, ne peut pas le faire; 3°. à faire de petites ritournelles , et rendre par-là le rhythme régulier.

Voilà la première et la plus simple espèce de Mélodies composées d'une seule période.

MÉLODIES DE DEUX PÉRIODES (1).

Parmi ces Mélodies on peut compter, 1°. les thêmes qui servent aux variations; 2°. les romances; 3°. les airs de ballets et de pantomimes à deux reprises; 4°. les airs qui n'ont qu'une seule période pour base, laquelle est répétée, soit en totalité, avec de légers changemens, ou en partie; ce qui peut avoir lieu dans les cavatines; 5°. les marches religieuses et militaires.

Comme les Mélodies de plusieurs périodes peuvent et doivent moduler, il sera nécessaire de placer ici la remarque suivante sur l'art de moduler. Un air quelconque doit être composé dans un ton, ou gamme, parfaitement déterminé; on commence et on finit l'air dans cette gamme; on appelle ce ton, qu'on doit à chaque moment rappeller, et qui devient en effet le ton dominant, *Gamme principale* ou *Ton primitif*. Si la Mélodie doit être étendue et développée, les sept sons dont la gamme principale est composée, en les répétant sans cesse, seraient bientôt épuisés, et produiraient une monotonie de sons; c'est pourquoi il faut changer de tems en tems de gamme, c'est-à-dire qu'il faut savoir moduler: mais comme en modulant on pourrait effacer l'impression de la gamme primitive, ce qui ne doit pas se faire, en prenant un ton qui n'a point de relation et de liaison avec le ton primitif, et qui est tout-à-fait étranger à la chose, il faut connaître quelles sont les gammes qui ont un rapport direct avec la gamme principale.

Plus une gamme a de sons communs avec le ton primitif, plus elle a de relation avec

---

(1) En Musique, comme en Poésie et en Éloquence, ne pouvant marcher que de période en période, il y a d'abord deux opérations importantes, que non seulement la Mélodie, mais un morceau de Musique quelconque, exige; la première est de créer des périodes intéressantes, et la deuxième de les marier et de les enchaîner d'une manière évidente. Si les périodes d'un morceau de Musique, considérées séparément, sont bien faites, et que cependant l'effet total du morceau soit manqué, alors les périodes ont des défauts relatifs, c'est-à-dire qu'elles ne sont pas homogènes, pêchent contre l'unité, ou bien produisent la monotonie, parce qu'elles ne sont pas assez variées, soit en fait de sons et de gammes, soit en fait de dessins, de cadences et de rhythmes. Il ne s'agit donc pas seulement d'inventer des périodes et de les faire succéder d'une manière à peu près arbitraire, pour donner l'étendue nécessaire à un morceau de Musique; mais il s'agit d'avoir un jugement sain et un sentiment juste pour trouver et enchaîner de telles périodes, qu'elles se conviennent, qu'elles soient faites l'une pour l'autre, qu'elles se succèdent et se marient d'une manière convenable. C'est là où l'esprit, le génie et un tact parfait doivent concourir ensemble, pour atteindre à cette perfection.

lui. Ainsi, la gamme de *sol* majeur est relative d'*ut* majeur, parce qu'elles ont six notes communes, et une seule différente, savoir dans l'une le *fa* naturel, et dans l'autre le *fa* dièze; par exemple (voy. M, N.º 3).

Tous les tons relatifs par rapport à la gamme primitive (*ut* majeur), quand ils n'ont point d'accidens, ou qu'ils n'en ont qu'un seul par rapport à elle. Il y a pour chaque ton primitif, soit majeur soit mineur, cinq tons relatifs, comme on peut le voir par la table suivante:

<table>
<tr><td align="center">N.º 1.</td><td align="center">N.º 2.</td></tr>
<tr><td>Ton primitif. *Ut* majeur.</td><td>Ton primitif. *La* mineur.</td></tr>
<tr><td>Tons relatifs d'*ut* majeur.</td><td>Tons relatifs de *la* mineur.</td></tr>
<tr><td>1.º *Ré* mineur.</td><td>1.º *Ut* majeur.</td></tr>
<tr><td>2.º *Mi* mineur.</td><td>2.º *Ré* mineur.</td></tr>
<tr><td>3.º *Fa* majeur.</td><td>3.º *Mi* mineur.</td></tr>
<tr><td>4.º *Sol* majeur.</td><td>4.º *Fa* majeur.</td></tr>
<tr><td>5.º *La* mineur.</td><td>5.º *Sol* majeur.</td></tr>
</table>

Par cette table on est en état de trouver les cinq tons relatifs de chaque gamme primitive.

Ainsi un ton relatif a un seul accident de plus ou un seul accident de moins que son ton primitif, ou tous les deux ont la même quantité d'accidens, comme *ré* majeur et *si* mineur son relatif, qui ont l'un et l'autre deux dièzes à la clef; ou, ce qui revient au même, *ut* majeur et *la* mineur son relatif, qui tous deux n'ont ni bémols ni dièzes à la clef.

Il faut moduler de préférence dans les tons relatifs et non dans des tons qui n'ont aucun rapport, ou un rapport trop faible, avec la gamme primitive, et qui sont tous les autres tons, hors les cinq indiqués. En ne modulant que dans les tons relatifs, on garde l'unité de sons et de gamme, avec une variété plus que nécessaire. C'est un grand art que de bien moduler et à propos avec les tons relatifs, et bien préférable à cette manie folle, extravagante, de parcourir dans un court espace, et d'une manière plus que bizarre, la plus grande partie de nos gammes, sans goût, sans génie, et sans aucun but raisonnable; ce qui blesse à la fois la raison et le sentiment des gens de goût, et ne sert qu'à fasciner les yeux des ignorans. Ainsi, en modulant, il faut éviter le reproche que Haydn avait raison de faire, lequel est *de tomber avec la porte dans l'appartement, au lieu d'y entrer poliment et avec décence.*

Il y a des modulations déterminées et des modulations passagères. Ainsi quand une période se termine dans un ton relatif, et d'une manière qui décide parfaitement ce ton, la modulation est positive, comme, par exemple, la première période des deux romances de Daleyrac et de Della Maria, indiquées plus bas. (voy. O.º et Q.º) Il y a ensuite des modulations courtes et passagères, qui ne font qu'altérer la gamme d'une manière légère, sans la changer, et qu'on quitte, pour ainsi dire, aussitôt qu'on les prend; par exemple (voy. N.³, N.º 1, N.º 2, N.º 3).

54

Ces petites modulations passagères servent à varier un peu les sons d'une gamme qu'on ne veut pas abandonner.

La Mélodie, en modulant, a besoin que l'Harmonie la seconde. La Mélodie seule rend les modulations douteuses, et par conséquent avec trop peu d'attrait et trop peu d'énergie : c'est là principalement où la Mélodie appelle à son secours sa sœur l'Harmonie.

Revenons aux Mélodies de deux périodes.

La première période de ces espèces de Mélodie peut terminer le morceau, s'il est en *ut* majeur : par exemple 1°. en *ut* majeur, ou dans la tonique ; 2°. en *sol* majeur, ou dans la dominante ; 3°. en *mi* mineur, ou dans la médiante ; et si le morceau est en *la* mineur, sa première période peut être terminée, 1°. en *la* mineur, ou dans la tonique ; 2°. en *ut* majeur, ou dans la médiante ; 3°. en *mi* mineur, ou dans la dominante.

Ainsi, la première période dans chaque gamme a trois chances : ou de rester dans le ton primitif, ou de moduler à la dominante, ou enfin à la médiante. Il est préférable dans le ton majeur, de la terminer à la dominante ; et dans les tons mineurs, à la médiante. En sortant de la tonique, de cette manière, la Mélodie reçoit plus de variété de sons, et par conséquent plus d'attrait ; et, au lieu de rester sans cesse dans le même ton, elle se promène dans deux ; ce qu'il faut principalement observer, lorsque les périodes sont longues et d'un mouvement lent.

Quand la première période module, la seconde module de même ; la première sort du ton primitif avec son rhythme final, et la seconde retourne dans le ton primitif avec son rhythme initial et finit dans la tonique. La cadence de la première période, lorsque celle-ci module et se termine dans un des deux tons relatifs quoique parfaite, n'est cependant qu'un trois-quarts de cadence, parce qu'elle laisse trop désirer le retour à la tonique.

Les petites ritournelles, qui forment souvent de petites périodes, qu'on place au commencement, à la fin et entre les périodes principales, comme dans les romances, et qui servent pour annoncer le commencement et la fin du morceau, et pour donner au chanteur le tems de reprendre haleine, ne sont qu'arbitraires et accessoires, et ne changent rien à la forme des airs à deux périodes. Ces ritournelles doivent être dans le caractère de l'air auquel elles appartiennent. J'ai souvent entendu d'assez bonnes mélodies qui étaient gâtées par un mauvais choix de ritournelles ; c'est pourquoi il est à recommander qu'on les fasse de préférence avec les dessins de l'air même.

Après ces remarques, nous analyserons les morceaux suivans :

Romance de *Della Maria*. (voyez O^3, N°. 1.)

Lorsqu'une Mélodie commence en levant avec la *seconde moitié* de la mesure, comme celle-ci, il faut que toutes les cadences tombent sur la première moitié de la mesure et non sur la seconde, sans quoi le rhythme aurait une demi-mesure de trop ; et au lieu d'un rhythme de quatre mesures, il serait de quatre mesures et demie ; ce qui est une faute impardonnable, que des auteurs, ignorant les principes du rhythme, ont souvent commise. Toutes les phrases mélodiques, dans ce cas, doivent commencer avec la seconde moitié de la mesure, principalement dans les airs de ballets, comme on le peut voir dans le tableau suivant: (voy. O³, N.° 2.)

(Voy. P³.) *Marche religieuse de Mozart.*

La première période est de huit mesures, la seconde de vingt; chaque période est répétée. On voit par-là que la seconde période peut être plus longue, selon les idées, que la première; mais il n'est point convenable de faire le contraire. Les deux périodes peuvent être aussi de même longueur, ce qui se pratique principalement dans les airs de ballets.

(Voy. Q³.) *Romance de Daleyrac.*

Cette forme de deux périodes est la plus convenable pour une véritable romance. Daleyrac, plus qu'aucun autre compositeur, possédait le talent et le génie d'inventer des chants heureux, neufs et touchans dans ce genre.

(Voy. R³.) *Thême d'un Andante d'Haydn.*

Ce thême forme une Mélodie complète, qui serait suffisante pour une romance, ou un air de ballet, et non pour un morceau de musique instrumentale.

Si Daleyrac avait le talent de faire de jolies romances, Haydn possédait le génie de créer une quantité infinie de thêmes neufs, heureux et intéressans; mais il avait encore outre cela le grand secret de développer un thême de ce genre avec toutes les ressources de son art, avec un intérêt puissant, un génie supérieur, un tact rare, un goût exquis. Ses symphonies et ses quatuors sont remplis de pareils chefs-d'œuvre.

(Voy. S³.) *Marche religieuse de Gluck, dans* ALCESTE.

Souvent on prend deux Mélodies différentes, dont l'une, la première, dans le ton primitif, et l'autre dans un ton relatif; ou bien, si la première Mélodie est majeure, la seconde peut être mineure du même ton, et *vice versâ*; comme on peut le voir par la table suivante:

PREMIÈRE MÉLODIE en *UT* majeur.	SECONDE MÉLODIE en *UT* mineur.
En *ut* majeur,	En *la* mineur,
En *ut* majeur,	ou en *fa* majeur,
En *ut* majeur.	ou en *sol* majeur.
PREMIÈRE MÉLODIE en *UT* mineur.	SECONDE MÉLODIE en *UT* majeur.
En *ut* mineur,	En *mi* bémol,
En *ut* mineur,	ou en *fa* mineur,
En *ut* mineur.	ou en *sol* mineur.

(Voyez dans T³, un exemple de deux Mélodies unies ensemble). On voit dans la seconde période de la première Mélodie de cet exemple, un rhythme extraordinaire de dix mesures; mais comme il est divisible en cinq parties égales (c'est-à-dire de 2 — 2 — 2 — 2 — 2), il ne nous choque point. La modulation dans le même rhythme est hasardée, parce qu'elle se fait dans un ton qui n'est point relatif et dans un espace trop court; elle ne peut acquérir son véritable charme que par l'Harmonie qui l'accompagne: considérée sous le seul rapport mélodique, elle est vague et incertaine.

On marie et on répète alternativement deux Mélodies de la sorte: 1° dans les airs de ballets; 2° dans les *andante* des symphonies et des quatuors; mais ici on les varie chaque fois qu'on les répète, comme on peut le voir, dans les ouvrages de Haydn, qui en a donné les meilleurs modèles; 3° dans de certains couplets propres à cela. Dans ces deux derniers cas, ce n'est presque toujours que de majeur en mineur, ou de mineur en majeur qu'on procède.

Pour marier deux Mélodies de la sorte, il faut qu'elles aient un rapport intime entre elles, et qu'elles ne blessent point l'unité toujours si nécessaire à un bon morceau de Musique.

Nous avons vu qu'il n'est pas difficile d'ajouter des membres à une période, et de lui donner par-là une étendue quelconque: de même il est facile d'ajouter une période à une autre, et de prolonger la Mélodie. Ainsi, une seule période répétée avec de légers changemens, peut donner une autre période, comme, par exemple, dans le morceau suivant de Paisiello (voy. U³), où la seconde période n'est qu'une émanation de la première

Le second et le troisième couplets de cet air, dont la Mélodie, par extraordinaire, diffère de celle du premier couplet, ont de même une Mélodie de deux périodes. Mais comme la première période se termine ici à la dominante, elle diffère par-là de la seconde, qui finit sur la tonique (voy. V³).

Souvent une Mélodie n'a que deux périodes principales, et on lui ajoute, comme une espèce de coda, une ou deux petites périodes, pour ainsi dire, d'une manière arbitraire. Cela peut se faire pour terminer une Mélodie avec plus d'éclat, plus de force, et d'une manière plus décisive et plus piquante. Nous appellerons ces dernières, des *périodes ajoutées*, pour les distinguer des *périodes principales;* car les périodes ajoutées ne sont rien isolément, et ne peuvent avoir lieu que par rapport aux périodes principales. Ces dernières forment la Mélodie et en contiennent le corps, tandis que les autres ne font que prolonger la même Mélodie d'une manière arbitraire, comme nous l'avons remarqué. (Voy. X³), où les deux premières périodes de ce morceau contiennent la Mélodie, et le reste n'est qu'une espèce de coda.

Le rhythme de cet air est fort varié et d'une manière ingénieuse; il mérite d'être particulièrement remarqué: il marche de 5 — 5 — 2 — 2 — 2 — 2 — 4 — 2 — 2 — 5 — 5 — 2 — 2 — 3 — 3 — 2 — 2. Ainsi cet air est un exemple de rhythmes de 2, 3, 4, et 5 mesures.

La première période de cet air a' plus qu'n trois-quarts de cadence parce qu'elle reste longtems dans la gamme de la dominante: elle l'affermit suffisament, en sorte qu'elle fait oublier pour un moment le ton primitif. Le mélange des rhythmes comme dans ce morceau n'a pas lieu dans les airs de ballets et dans les marches, soit d'un mouvement lent, soit d'un mouvement précipité: le rhythme de ces derniers airs est toujours carré, c'est-à-dire 4-4-2-2-4-4, etc., où l'on évite les rhythmes de nombre impair. par exemple (voy. Y^3).

La demi-cadence sur la note *mi* ♮ dans la quatrième mesure de la seconde période de cet exemple quoique tout-à-fait hors de la gamme, n'est pas moins une demi-cadence, prise mélodiquement et harmoniquement. elle est sensible, parce qu'il y a ici une modulation passagère de *mi* ♭ en *la* mineur, et parce que le premier membre de cette période est entièrement répété par la transposition, ce qui établit une comparaison parfaite entre ces deux membres; en sorte que si le premier membre fait une demi-cadence l'autre la doit faire aussi.

SUR LES MÉLODIES DE TROIS PÉRIODES PRINCIPALES.

On a senti qu'ne première période bien trouvée et qui est suivie d'une seconde, pouvait être répétée après celle-ci avec intérêt. En conséquence, on fait des Mélodies conçues de la manière suivante:

Première période,   Seconde période,

Troisième période, ou répétition de la première.

Les Italiens appellent cette coupe *un rondeau*, lors même que le mouvement en est fort lent. Souvent on lui donne aussi le nom de *cavatine*. On peut appeler la première période, le *thème.*

Règle pour les modulations de cette sorte d'airs.

1°. Si le morceau est majeur, par exemple en *ut* majeur, la première période, et par conséquent la troisième, restent dans le ton primitif et n'en sortent pas, ou il faudrait que cela ne fût que passagèrement. La seconde période module à la dominante, et y reste; fort rarement on la termine à la médiante ou à la tierce du ton, comme ici en *mi* mineur.

2°. Si le morceau est en mineur, par exemple, *la* mineur, la première et la troisième périodes restent dans ce ton, et la seconde module et reste dans la médiante, par exemple ici, en *ut* majeur. Mais après cette seconde période on fait presque toujours une petite modulation en guise d'une demi-cadence sur la dominante du ton primitif, par exemple (voy. Z^3, N°. 1, 2, et 3). Il est important que la seconde période se trouve dans un autre ton que le ton primitif, sans quoi la Mélodie entière resterait dans le même ton, et produirait nécessairement monotonie de sons, de gammes et de cadences.

Après la seconde période on fait souvent un conduit pour reprendre le thème d'une manière plus piquante. Ce conduit est ou mesuré et prescrit par le compositeur, ou bien le chanteur l'invente et le fait d'une manière arbitraire. Souvent il se fait par l'orchestre seul. Quelquefois la voix en le faisant est en même tems accompagnée par l'orchestre. Dans tous ces cas, il faut que le conduit soit bien soigné, fait et exécuté avec goût et finesse, et alors il peut contribuer d'une manière fort intéressante au charme de la reprise du thème (1).

Les compositeurs mettent en général beaucoup de soin à donner du charme et de l'intérêt mélodique à la première période; mais ils ont tort de négliger si souvent la seconde.

Nous analyserons les morceaux suivants, faits avec trois périodes principales:

(Voy. A⁴.) La ritournelle de cet air qui fait une période ajoutée, ne compte pas ici, parce qu'on pourrait s'en dispenser, comme on le fait dans les rondeaux composés pour les instrumens. Dailleurs cette ritournelle n'est qu'ne répétition de la première période du chant, qui commence avec les paroles: *Lungi da te*, etc.

La première période du même air est admirable. La seconde période a moins d'attraits par rapport à la première. Cette dernière est moins neuve et resemble trop à beaucoup d'autres, quoiqu'elle soit régulière. Le rhythme de la première période est trop long, eu égard au mouvement de l'air, qu'on chante d'une manière fort lente. Comme ce rhythme se laisse partager symétriquement en petites parties égales, et bien distinctes les unes des autres, ce que tout rhythme de plus de cinq mesures doit observer, cela remplace en partie les demi-cadences, et produit même un très bon effet. Les divisions de ce rhythme sont 2 – 2 – 2 – 2 – 4.

(Voyez B⁴) La seconde période est encore ici de peu d'intérêt, comme Mélodie, et même ce n'en est pas du tout; ce n'est que de la déclamation mesurée, tandis que la première période est véritablement du chant. Il y a trois causes qui font que la deuxième période n'équivaut pas à la première: —————— (1º) le rhythme n'en est pas observé, parce qu'il varie à chaque moment, n'a nulle part de compagnon, et par conséquent est sans symétrie: il marche de 4 – 2 – 3 – 6. Le dernier de ces quatre rhythmes doit être divisible en deux ou trois parties égales (comme nous l'avons observé), et ici il ne l'est point; car il ne peut être divisé qu'en 2 – 1 – 3, c'est-à-dire en trois parties inégales. (2º) Les modulations sont trop fréquentes, et se succèdent trop rapidement; ce qu'il

---

(1) J'ai entendu faire à un chanteur célèbre le conduit de la seconde période à la troisième, de la manière suivante, par des quarts de tons: (voyez Z⁴, Nº 4); ce qui produisit sur les auditeurs un effet extraordinaire; on couvrit d'applaudissemens le chanteur habile.

Il serait à désirer que les chanteurs de profession se missent en état, à force d'exercice, d'exécuter les quarts de tons, soit en montant soit en descendant; car, de tous les instrumens musicaux, c'est la voix qui peut les pratiquer plus aisément.

Pour faciliter cet exercice, il faudrait leur construire une espèce de *piano* de vingt-quatre cordes, qui formerait une octave de vingt-quatre quarts de tons. Pour rendre ces sons justes, il faudrait les accorder avec deux diapasons qui différeraient entr'eux d'un quart de ton; ce qui serait facile à réaliser.

faut éviter dans une seule période, principalement quand elle n'a pas plus de quinze mesures, comme celle-ci. Ces modulations se font 1º. de *la* majeur en *la* ♯ mineur 2º. et puis en *si* mineur; 3º. et puis encore en *la* ♯ mineur; et 4º. de *la* ♯ mineur en *ut* ♯ mineur. Cela fait que la période n'a point d'unité de gamme, ou, pour mieux dire, qu'elle n'est dans aucune gamme déterminée; ce qui rend le chant vague et incertain, et ne peut avoir lieu dans une période véritablement mélodique. (3º.) La valeur des notes n'y est point proportionnée: dans une partie des mesures de cette période il y a trop de notes; dans l'autre il y en a trop peu. Ainsi si cette période a quelque intérêt, il est simplement harmonique; et en effet, elle est bien conçue sous ce rapport.

Il peut **exister** des cas où la troisième période est une répétition, soit en partie, soit en totalité de la seconde, au lieu de la première, par exemple (voy. C⁴), où les douze dernières mesures de la seconde période sont répétées, et dont une troisième période finit avec la Mélodie. Dans ce cas, il faut que la première période finisse dans un autre ton, sans quoi toutes les trois se termineraient dans le même ton. Les mouvemens accélérés sont ici préférables aux mouvemens lents, parce que la même période d'un mouvement lent répétée de suite pourrait finir par nous ennuyer. Il faut que la seconde période soit ici de même intéressante, et qu'elle excite à l'écouter encore une fois avec le même intérêt. Comme dans la quatrième et huitième mesures de ce morceau, la cadence est interrompue (parce que la Mélodie saute trop subtilement de la note finale sur une autre note, ce qui efface le repos qu'une cadence parfaite exige), il s'en suit que la période ne finit qu'avec la cadence parfaite en *Sol*; et même sans ces cadences interrompues, la période ne pourrait pas être envisagée comme finie dans la quatrième mesure, parce qu'elle y serait beaucoup trop courte, principalement dans un mouvement aussi vite, ce ne serait qu'un membre d'une période, et même un membre court, et non pas une période, quoique la forme d'une cadence mélodique y existe. C'est ainsi que notre sentiment le juge, comme nous l'avons déjà observé.

Il est facile d'ajouter à une, à deux, ou à toutes les trois périodes, d'autres petites périodes arbitraires, si on le jugeait à propos, et de faire par-là une Mélodie qui, au lieu de trois périodes, en aurait quatre, cinq, six et même plus. Ces petites périodes ajoutées seraient envisagées comme des *additions* arbitraires à des périodes principales.

Remarques sur les Mélodies qui ont plus de trois périodes.

Comme on ne peut marcher que de périodes en périodes, il s'ensuit que l'art du compositeur consiste, 1º. à créer des périodes intéressantes; 2º. à les marier d'une manière franche et naturelle; 3º. à répéter à propos, tantôt l'une, tantôt l'autre, soit dans le même ton, ou par transposition, soit en les altérant, c'est-à-dire en les allongeant ou en les raccourcissant, ou enfin en les variant; 4º. à entrelacer de courtes périodes avec les longues d'une manière symétrique. Au moyen de ce que nous venons de dire, on peut créer des Mélodies d'une étendue quelconque. On divise aussi des Mélodies en deux ou trois parties, dont chacune peut contenir différentes périodes. Nous donnerons ici des exemples avec l'analyse nécessaire de chaque morceau, qui mettront tout le monde à même d'entreprendre cette opération instructive sur une Mélodie quelconque.

I

voy D⁴. *Adagio de Haydn, divisé en deux parties principales.*

Comme dans un morceau de cette étendue il faut souvent moduler, et qu'il est quelquefois douteux de savoir précisément dans quel ton l'on est (sans l'Harmonie qui l'accompagne), nous indiquerons les modulations dans les planches mêmes.

Le rhythme de cet *adagio* marche de la manière suivante:

Première partie. 4, demi-cad.—4, cad. parf.—4, demi-cad.—4, cad. parf.—8, demi-cad.—4, demi-cad.—4—8, cad. parf. avec deux mesures de supplément ou de prolongation.

Seconde partie. 4, demi-cad.—3, demi-cad. (1)—4, demi-cad.—2—2—2, demi-cad.—4, demi-cad.—6, demi-cad.—4, demi-cad.—4, demi-cad.—8, cad. parf. avec un supplément de deux mesures, comme à la fin de la première partie.

Ce qui est extraordinaire dans cet *adagio*, c'est que la seconde partie n'en fait, pour ainsi dire, qu'une seule période, et par conséquent une période de quarante-deux mesures, tandis que la première en a trois bien distinctes. Ce qui fait que cette longue période de quarante-deux mesures, quoique vague, n'est pas moins facile à saisir, c'est 1°. que les demi-cadences, et il y en a onze, sont si bien marquées et distribuées, qu'elles séparent parfaitement une idée de l'autre; 2°. que plusieurs de ces demi-cadences ont plus l'apparence d'une cadence parfaite que d'une demi-cadence; et enfin, 3°. que comme ce morceau appartient à une symphonie, le *Forte* ou la masse de l'orchestre, et le *Piano* ou le simple quatuor, sont si bien placés, qu'ils en séparent de même les idées de manière à les suivre et à les saisir facilement. Le défaut principal d'une longue période est de ne pouvoir pas distinguer l'une de l'autre les différentes idées dont elle est composée.

Voilà donc un exemple d'une Mélodie dans un mouvement fort lent, divisée en deux parties principales.

Nous appellerons les différentes manières de conduire, d'entendre et d'enchaîner les idées mélodiques: *Cadres, coupes* ou *dimensions*. Ainsi la coupe d'une Mélodie qui n'est composée que de deux parties principales, comme en général la romance, s'appellera *Coupe de la Romance,* ou *petite coupe binaire.*

Quand la Mélodie est composée de trois périodes principales mais dont la troisième n'est que le *da capo* ou le retour à la première, sa dimension s'appellera *Coupe du Rondeau,* ou *petite Coupe ternaire.*

---

(1) Ce rhythme de trois mesures se trouve ici isolé, et aurait exigé un compagnon c'est à dire un autre rhythme de trois mesures.

Les coupes des Mélodies qui sont divisées en deux parties principales, dont chacune peut contenir plusieurs périodes, prendront le nom de *grande coupe binaire*.

La dimension des Mélodies divisées en trois parties principales, dont chacune peut avoir de même plusieurs périodes, et dont la troisième partie n'est qu'un *da capo* de la première, s'appellera *grande coupe ternaire*.

Une Mélodie divisée en deux parties principales, est en grand ce que la romance est en petit; celle-ci se divise en deux périodes, tandisque la première se partage en deux parties. Une Mélodie divisée en trois parties principales, et dont nous parlerons plus bas, est de même en grand ce que le rondeau est en petit, c'est-à-dire que ce dernier se divise en trois périodes, comme l'autre en trois parties.

Dans ces quatre coupes différentes on a composé les Mélodies les plus belles, les plus intéressantes et les plus piquantes. Elles servent de base pour toutes les autres, dont nous parlerons plus bas.

Principes pour la grande Coupe (ou dimension) binaire.

1°. La seconde partie de cette coupe ne peut jamais être plus courte que la première; mais elle peut-être d'un tiers et même de moitié plus longue; car la première partie n'est que l'exposition, tandis que la seconde en est le développement(1).

2°. Si le morceau est en majeur, la première partie doit se terminer à la dominante. Il faut établir cette dominante parfaitement bien, afin qu'elle fasse l'impression d'une seconde tonique. Il ne faut pas trop moduler cette première partie dans les autres tons, pour éviter les trois inconvéniens suivans dans la Mélodie: 1°. pour ne pas effacer trop le ton primitif; 2°. pour ne pas nuire à la gamme de la dominante; 3°. pour ne point contrarier l'exposition du morceau, qui doit toujours être franche et nette, sans quoi la seconde partie perd de son intérêt, parce qu'elle ne se lierait plus d'une manière évidente avec la première: l'exposition manquée, tout le reste est manqué, comme dans le discours, parce que l'attention de l'auditeur se distrait, se perd, ou n'agit que trop faiblement pour pouvoir apprécier le reste. Ainsi, si l'on veut moduler dans d'autres tons, qu'on le fasse d'une manière légère et passagère, et qu'on ne *détermine* aucune autre gamme dans cette première partie, hors la tonique et sa dominante.

On a plusieurs fois essayé de terminer la première partie d'une grande coupe binaire dans d'autres tons que celui de la dominante, mais on a constamment trouvé que le sentiment ne les approuvait pas. La raison en est acoustique: c'est que la dominante majeure est tellement homogène avec sa tonique majeure, qu'il n'existe pas un autre ton qui puisse la remplacer sous ce rapport, et avoir le même dégré d'homogénéité avec la tonique. Et dailleurs, pourquoi vouloir terminer cette première partie

---

(1) Le sentiment suit ici une loi que l'esprit adopte: car dans un discours, il faut une exposition dont les idées soient développées dans une autre partie.

42

dans un autre ton? Les modulations ne sont point le but de la Musique; elles ne sont
que le moyen de varier les gammes, et d'empêcher par-là la monotonie des sons et
des cadences, qui se ferait sentir nécessairement dans une longue Mélodie. C'est par
cette raison qu'on ne peut pas rester toujours dans la tonique, lorsque la Mélodie est
d'une certaine étendue, et qu'il faut terminer la première partie dans un autre ton,
parce que la seconde partie doit se terminer à la tonique. Et comme le but de varier
les sons et les cadences est parfaitement bien rempli avec la gamme la plus homogène
possible, il est donc inutile de chercher une autre gamme que celle de la dominante
pour terminer cette première partie, d'autant plus que la valeur des idées n'y influe
en rien, et que les mauvais compositeurs croient y suppléer par des modulations hétérogènes.

La seconde partie, comme de raison, doit se terminer sur la tonique.

Si la Mélodie est en mineure, la première partie peut se terminer soit à la dominante
mineure, soit dans la médiante majeure. Dans tous les cas, il faut établir parfaitement
l'une et l'autre. La seconde partie se termine souvent à la tonique majeure. Cependant
il ne faut pas en abuser; car souvent cela peut nuire à l'unité de caractère du morceau, et détruire l'unité de gamme, parce qu'un ton majeur et le même ton mineur
ne sont ni relatifs ni homogènes: le premier a trop d'éclat en comparaison du second.

On se sert de la grande coupe binaire pour les grands airs, pour les airs de bravoure; et dans la Musique instrumentale, pour les premiers morceaux des sonates,
des duos, des trios, des quatuors, des ouvertures, des symphonies et des grands solos
d'instrumens. Fort souvent la première partie, et quelquefois aussi la seconde, se répète, quand on compose des Mélodies dans cette coupe pour les instrumens ce qu'on
ne fait pas dans les airs.

Nous tracerons ici à-peu-près la route qu'il faut tenir dans cette coupe:

A. Le thème avec lequel on établit le ton primitif. B. De petites modulations passagères dans des tons relatifs, pour établir parfaitement bien la dominante, dans laquelle on reste, coupée de tems en tems par d'autres petites modulations passagères,
si l'on veut, particulièrement si cette première partie est d'une certaine longueur. C.
La seconde partie, selon son étendue, peut moduler d'abord d'un ton à l'autre et s'arrêter
quelquefois dans un des tons relatifs qu'on a établis. Après cela, on retourne dans le
ton primitif, (dans lequel on répète assez généralement le thème en entier), et on trans-
pose une grande partie des idées, de la première partie de la dominante dans la tonique. Cette transposition se fait quelquefois avec plus ou moins de modification, en altérant un peu les idées, mais jamais de manière à ne pouvoir se les rappeler et à ne
pas les reconnaître, en les répétant parfois, ou bien en les variant légèrement. Une coda
peut terminer cette seconde partie pour donner plus d'intérêt et d'éclat à la fin du
morceau; ce qu'on appelle vulgairement le *Coup de fouet*. En général, la seconde partie
se compose et se développe avec les idées de la première, principalement dans la Musique instrumentale, où les morceaux sont plus étendus que dans la Musique vocale.
Dans cette dernière, on est souvent obligé de créer d'autres idées hors du thème

qu'on cherche à répéter et à retrouver dans la seconde partie, parce que la voix ne peut pas toujours transposer, par rapport à son peu d'étendue, et parce que les paroles fort souvent aussi ne le permettent pas. Ainsi la grande coupe binaire subit une différence entre la Musique pour les instrumens' et celle pour les voix. On fera bien, d'après cette indication, d'analyser et de comparer des airs dans les bons opéras composés dans cette coupe, avec des morceaux de Musique instrumentale faits dans cette même coupe, qui est la plus en usage pour les Mélodies d'une grande étendue.

II.

(Voyez F⁴.) *Air de Mozart, des* NOZZE DI FIGARO.

C'est un exemple d'un air agité de la grande coupe binaire. Le rhythme de cet air d'une régularité admirable, est comme il suit: Première partie. 4;—4;—5;—5,—6;—4;—6;—6. Deuxième partie: 4;—4;—5;—5.—4;—4;—6;—8:—4;—4;—4;—8:—4;—6. Nous avons marqué ici la demi-cadence par un point et une virgule (;); la cadence parfaite par un point (.); la cadence interrompue par deux points (:).

Cet air est un modèle parfait sous tous les rapports. Il prouve de la manière la plus évidente, 1°. que la Mélodie peut exprimer les passions les plus vives de notre âme aussi bien que les plus douces; 2°. que la régularité du rhythme, sans laquelle il n'y a point de véritable Mélodie, peut et doit avoir lieu dans l'un comme dans l'autre cas; 3°. que cette manière d'exprimer les agitations de notre âme vaut infiniment mieux que tout le fracas de l'orchestre avec lequel on cherche de nos jours à rendre de pareilles situations, et où la partie chantante est pour ainsi dire nulle; 4°. il prouve encore que la Musique peut et doit nous charmer, même en exprimant les passions fortes; il prouve enfin, 5°. qu'il n'y a point de nécessité de courir après des modulations bizarres pour parvenir à ce but, et qu'on peut l'atteindre sous ce rapport de la manière la plus simple et la plus naturelle possible. On peut encore prendre exemple de la manière dont cet air est accompagné: l'orchestre exprime l'agitation du chanteur, sans couvrir sa voix, sans détourner notre attention de sa Mélodie; bref, il ne fait que la seconder, et la seconde parfaitement bien. (Voy. la partition.)

La grande coupe binaire des airs a éprouvé de nos jours une autre modification fort heureuse, qui est que la première partie de l'air est dans un mouvement lent (*adagio* ou *largo*), et la seconde dans un mouvement vite (*allegro*). En voici un exemple excellent:

III.

(Voyez F⁴.) *Air de Cimarosa dans* l'opéra IL MATRIMONIO SEGRETO.

La première partie de cet air est composée d'après les principes indiqués. La

44

seconde partie étant dans un mouvement opposé, ne peut pas contenir, et encore
moins développer les idées qui se trouvent dans la première partie. Ce sont pour
ainsi dire deux airs différens, qui ne suivent de la coupe binaire que la manière de
moduler, pour se lier et se marier en semble.

Rhythme de l'air.

Première partie de cinq périodes : 8.——2;——2;——2;——2.——3;——3;——3.
(1) 6.——2;——2;——2;——4:——2:——2:——2:——2. Deuxième partie de sept périodes : 4.——4.——4.——4.——10;——4:——4;——4;——4;——4;——11;——8:——10;——
8.——10;——8:——8:——4:——3:——3:——3:——3. (2). On a ici un exemple des périodes longues et des périodes courtes, de même que des rhythmes longs et des
rhythmes courts. On voit dans cet air, principalement dans la première partie, une
manière particulière de traiter la Mélodie; ce n'est pas toujours la voix qui la conduit; mais c'est tantôt l'un tantôt l'autre instrument de l'orchestre qui la reprend.
(ce qui est indiqué dans les planches par de plus petites notes), non seulement al_
ternativement avec la voix, mais même pendant que la voix continue à chanter. La voix
humaine a 1°. une étendue fort bornée, ce qui fait qu'elle ne peut pas rendre tou_
jours beaucoup de petites idées mélodiques, qui sont néanmoins dans le caractère de
l'air, mais qui rendent la Mélodie plus piquante, plus flatteuse, plus arrondie et plus
intéressante; 2°. que fort souvent les paroles ne se prêtent point à ces petites phrases
mélodiques, et exigent d'être plutôt déclamées que chantées, quoique le caractère de
l'air, ou de ses paroles, permette ou même exige de faire de la Mélodie. Dans ce
cas, il faut faire ce que Cimarosa a fait ici, c'est-à-dire mettre la Mélodie dans
l'une ou dans l'autre partie de l'orchestre, là où la voix ne permet plus de la continuer,
et de faire en sorte que ces petits traits, semés parmi les intrumens, fassent avec la
partie mélodique de la voix une seule Mélodie, qui se marie avec l'autre au point
qu'on croirait que la voix l'exécute entière. Cette manière est fort délicate, et exi_
ge de la part du compositeur un tact fin et un goût exquis. Nous appellerons la
coupe de ces airs de deux mouvemens différens la *grande coupe binaire double*.
On a fait beaucoup d'airs non moins beaux dans cette dernière coupe mais dont la première
partie, *l'adagio*, se termine à la tonique, au lieu de finir à la dominante; c'est-à-
dire qu'on prend, pour cette première partie, la petite coupe ternaire de trois périodes

---

(1) Ce rhythme de cinq mesures n'a pas besoin ici de compagnon dans un mouvement aussi lent d'une
mesure à quatre tems.

(2) Nous appellerons cette manière d'analyser la Mélodie le *Patron* de l'air. On pourrait admettre ici, comme
proposition pour les *élèves*, de prendre de ces patrons des beaux airs, et de s'exercer avec eux en créant d'autres idées,
en observant de placer aux mêmes endroits les demi-cadences, les cadences parfaites, les cades interrompues, etc. Cet
exercice pourrait former un tact qui conduirait à créer soi-même non seulement les idées, mais les patrons eux-mêmes,
qu'on modifierait ensuite à l'infini, car, une donnée quelconque est toujours importante dans un Traité pareil.

principales (le thême, la deuxième période et le thême *da capo*, en guise de rondeau), après quoi on fait, pour la seconde partie de l'air un *allegro*, à l'exemple de cet air de Cimarosa.

IV.

(voy. G¹.) Air de Sacchini dans la grande coupe binaire, de l'opéra d'ŒDIPE.

Rhythme de cet air:

Première partie de deux périodes, sans compter celle que la ritournelle fait à la fin de cette partie: 7;——4;——3;——3; 6;——1;——4;——6:——5.——4.

Seconde partie de deux périodes; la ritournelle finale en fait la troisième: 4.—— 4;——7;——4;——11:——4.——4. Cet air exige, par rapport au rhythme, les remar_ ques suivantes:

Le rhythme de sept mesures qui se trouve dans cet air fixe d'abord notre at_ tention. On ne peut rien rejeter absolument en Musique, parce que tout y peut trouver une exception; mais on ne peut pas marcher d'exceptions en exceptions; la nature ne le permet pas, quoiqu'elle permette quelquefois dans les arts de déroger à ses lois. C'est par cette raison qu'on ne peut admettre des exceptions comme principes. Si par extraordinaire une phrase mélodique de sept mesures se présente, qu'elle paraisse non forcée, non boiteuse; bref, qu'elle ne heurte point notre senti_ ment, pourquoi ne pas le permettre? Tout ce qui dans les arts satisfait un sentiment fin, délicat et exercé, est hors de la règle. Comme ce rhythme de sept mesures fait ici un effet fort naturel, voyons maintenant quelle en peut être la raison. Trans_ posez cette phrase de la sorte (voy. H¹), et vous la trouverez absolument carrée. Si elle est ici carrée, pourquoi ne le serait-elle pas, telle que Sacchini l'a rendue; car toutes deux sont absolument les mêmes? Si, par exemple, un compositeur trouvait la phrase suivante, qui est parfaitement bien carrée (voy. I¹); et après avoir réfléchi qu'elle serait mieux exécutée, si elle était écrite de la manière suivante (voy. K¹), pourquoi ne lui serait-il pas permis de le faire de la sorte? Est-ce parce qu'elle au_ rait sept mesures? elle les a en effet; mais notre sentiment suppose la huitième; et cette dernière étant supprimée, par rapport à l'exemple (voy. I¹), elle n'a point d'in_ térêt pour lui. Voilà le secret du rhythme de sept mesures, comme nous l'avons re_ marqué. D'après cela, il faut envisager le rhythme dans l'air de Sacchini, non comme de sept, mais comme de huit, mesures dont la huitième est supposée.

Le rhythme de cinq mesures dans la même partie de cet air ne provient que du retard de la cadence (voyez ce que nous avons dit sur le retard), et est au fond un rhy_ thme de quatre mesures. Rectifions maintenant, d'après ces observations, le rhythme de cette partie, par exemple: 8——4——3——3——6——4——4——6——4——4. où l'on voit qu'il est parfaitement régulier.

Le rhythme de onze mesures du même air, dans la seconde partie, suppose encore (par la même raison indiquée) une mesure de plus; il est un véritable rhythme de douze, ce qu'on trouve en le transposant de la manière suivante: (voy. L′), où chaque mesure fait deux mesures dans le mouvement de Sacchini, et par conséquent six en donnent douze. D'après cela le rhythme rectifié de cette seconde partie est: 4—4—8—4—12—4—4. et encore fort régulier.

Quant aux rhythmes qui ont plus de huit mesures, on ne peut point les exclure; car ils dépendent de la nature des idées mélodiques, de la manière dont le compositeur a senti ses phrases, de son goût, de son tact, de la variété qu'il veut mettre dans le rhythme, et enfin de la manière symétrique dont ce rhythme se laisse diviser. Mais il n'est pas moins vrai qu'il faut les envisager comme des rhythmes dont on doit faire très-peu d'usage dans le même morceau de Musique.

Nous ferons encore les observations suivantes sur le rhythme; car c'est le rhythme, sa nature, son énergie, sa variété, son charme et ses secrets qu'il faut étudier particulièrement, si l'on veut être heureux dans l'art mélodique; en étudiant le rhythme musicale, on étudie et on approfondit en même tems la nature de notre propre sentiment: les anciens avaient raison de dire qu'il était *l'ame* de la Musique, quoiqu'ils l'aient pris dans une autre acception.

On peut souvent ajouter une mesure à un rhythme carré par exemple (voy. M′); mais cette mesure ajoutée doit être exécutée par un autre instrument que celui qui conduit la Mélodie. Ainsi, dans les airs, cette mesure serait exécutée par une partie de l'orchestre. Il est remarcable que cette *addition* de la Mélodie et du rhythme a de l'attrait pour nous, pourvu que ce qu'on ajoute ait quelque chose de flateur. Le sentiment paraît s'arrêter avec le rhythme, après chacune des deux phrases de l'exemple, et prendre, pour ainsi dire, haleine, pour mieux saisir ce qui doit suivre. C'est par cette raison que ces deux mesures ajoutées lui rendent cette Mélodie plus neuve et plus piquante: en les ôtant, la Mélodie paraît usée, et a moins d'attrait. Il y a dans la première et deuxième parties de l'air de Sacchini, un exemple d'une mesure ajoutée par l'orchestre. Le sentiment permet encore de prolonger un rhythme par une mesure, pour mieux déterminer une cadence parfaite, et quelquefois même une demi-cadence dans de certains endroits. Dans l'*Adagio* de Haydn (voyez D′), nous avons vu un exemple de cette prolongation à la fin de chaque partie. Elle se fait là après une cadence parfaite: ici, dans l'air de Sacchini, au milieu de la seconde partie elle a lieu, après une demi-cadence.

Un autre phénomène non moins curieux est que, lorsqu'on répète le trait mélodique d'une mesure, mais avec d'autres notes, par exemple, dans un rhythme à quatre, ce rhythme paraît être carré quoiqu'il ait cinq mesures, par exemple (voyez D′). Cette cinquième mesure ajoutée a de même quelque chose de piquant; car, ôtez la troisième mesure de cet exemple, et la Mélodie aura moins de nouveauté et de charme, par exemple (voy. P⁴). Voilà donc un second moyen de prolonger un rhythme carré par une mesure. Ainsi, il y a quatre manières de faire d'un rhytme de quatre mesures un rhythme de cinq: 1°. par celle que nous venons d'indiquer, en répétant une mesure; 2°. par l'écho, comme on l'a dit précédemment; 3°. par le retard de la cadence; 4°. en ajoutant une mesure à la fin du rhythme. Voilà pourquoi beaucoup de rhythmes de cinq mesures paraissent agréables et naturels; et voilà encore pourquoi ils n'exigent pas toujours un compagnon; mais il y a un art de les placer à propos, qui ne s'apprend point facilement.

Ce que nous avons dit jusqu'ici sur le rhythme, est ce qu'il y a de plu important sous le rapport de la Mélodie.

Par le mouvement de l'accompagnement, on peut souvent interrompre les cadences parfaites de la Mélodie, mais on ne peut pas les interrompre par l'Harmonie, comme nous le verrons plus tard: cela ne nuit poin au chant sur lequel notre attention est fyxée; au contraire, cette manière d'interrompre ces cadences répand beaucoup de chaleur dans le courant du morceau.

La demi-cadence sur la dominante, lorsque la Mélodie s'appuie fortement sur elle, par exemple (voy. N⁴). a une telle force de repos, que, quand elle se trouve placée au milieu d'une longue période, elle la partage en deux parties, et l'on croit entendre deux périodes différentes. C'est en employant bien à propos ces demi-cadences qu'on peut faire facilement des périodes fort étendues; mais il faut ne pas abuser de ces dernières, et n'y recourir que pour la variété, c'est-à-dire, il faut en placer une entre des périodes ou après des périodes courtes ou d'une longueur moyenne. Nous appellerons cette cadence, pour la distinguer des autres demi-cadences, la *demi-cadence forte* ou *dominante*.

V.

(Voy. Q⁴.) *Air de Zingarelli de l'opéra* JULIETTA ET ROMEO.

Rhythmes de la première partie de trois périodes, en comptant la première ritournelle: 4.——8; ——12.

Rhythmes de la seconde partie de deux périodes: 4.——4; ——15.——12: ——2: ——2: ——2. Cet air qui, parmi les airs connus, a obtenu le plus de suffrages en Europe; cet air, le triomphe du célèbre Crescentini, est en effet le modèle d'une Mélodie touchante, dont chaque note a été dictée par une sensibilité vive et pure.

Les rhythmes longs doivent se laisser partager en parties égales ou en parties symétriques (remarque que nous ne cesserons de répéter à cause de son importance), sans quoi ils demeureraient sans charme, et ne produiraient aucun intérêt mélodique; mais, lorsqu'ils observent ce principe, ils peuvent devenir fort intéressans: c'est en effet ce que prouve cet air. Le rhythme *b* se laisse diviser en quatre parties égales, qui sont: 2 — 2 — 2 — 2. Le rhythme *e*, à cause des petites ritournelles qu'il contient, se laisse diviser de la manière suivante: 2 — 2 — 2 — 2 — 4. Le rhythme *f* est divisible de cette manière: 2 — 2 — 2 — 2 — 5. Le rhythme *g* est encore divisible, par rapport aux ritournelles, de cette manière: 2 — 2 — 2 — 2 — 4. Ainsi, ces rhythmes longs sont composés de phrases courtes bien distinctes les unes des autres, distribuées symétriquement, de manière qu'on est tenté de prendre ces différentes phrases pour autant de petits rhythmes. Voilà de véritables modèles de rhythmes longs, et on ne risquera jamais de les employer de la sorte, principalement quand ils sont entremêlés, de rhythmes plus courts.

Cet air est encore une preuve frappante que les modulations ne sont point le but de la Musique, et qu'on peut nous intéresser fortement sans elle; car, dans cet air admirable, rempli de charme d'un bout à l'autre, il n'y a que quatre mesures en *la*, qui séparent la première partie de la seconde, et tout le reste en *ré*. Ce sont le rhythme, les idées, la symétrie avec laquelle les phrases sont distribuées, l'unité avec la variété, l'harmonie pure et la plus grande simplicité, le mouvement bien senti dans les accompagnemens qui en font tout le charme. Quand une phrase entière se fait sur la septième dominante du ton, (comme le rhythme de cet air), sa cadence doit compter de même pour une demi-cadence, parce qu'elle suspend la période, comme les autres demi-cadences, et dans ce cas, la demi-cadence mélodique peut se faire sur la quarte; tandis que les autres demi-cadences ne se font que sur la seconde, la tierce, la quinte et la septième, comme on l'a vu plus haut.

VI.

(Voyez **R⁴.**) *Air de Piccini, dans l'opéra de* DIDON.

Cet air, qui a eu tant de succès en France, exige une analyse toute particulière.

Ce qui contribue au charme total d'un morceau dans un opéra, ce n'est pas toujours la Mélodie seule. La couleur du morceau, la situation, la manière de l'exécuter, l'harmonie douce, naturelle et simple, les nuances du *Piano* et du *Forte* bien distribuées, le choix heureux des instrumens et de leurs différens timbres, etc., sont autant de motifs de nous plaire et de nous émouvoir. Ajoutez à cela une Mélodie même médiocre, point couverte par l'orchestre, et il n'est pas étonnant que le morceau ait quelque charme pour nous, principalement sur un théâtre, où l'on est habitué à entendre plus déclamer que chanter. Le choix du ton de cet air (en *mi* ♯ qui a le plus de charme de tous les tons musicaux), son harmonie simple et douce, la manière dont il est accompagné, les *Forte* et les *Piano*, la distribution des instrumens, tout cela y est parfaitement bien senti et bien employé; mais la Mélodie en est vague, incertaine, on ne l'emporte point avec soi après l'avoir entendue, quoique les phrases prises séparément soient presque toutes chantantes. Où en gît la raison. Dans le rhythme qui n'est pas du tout observé dans cet air, de là vient que les phrases chantantes ne se lient pas bien ensemble, qu'elles paraissent isolées, et qu'il n'existe pas de symétrie entr'elles.

Rhythme de l'air.

Première partie de trois périodes, mais qui n'en devrait avoir que deux: $\overset{a}{3}$; — $\overset{b}{2}$; — $\overset{c}{3}$; — $\overset{d}{4}$. — $\overset{e}{5}$. — $\overset{f}{7}$. — $\overset{g}{5}$.

Deuxième partie de deux périodes: $\overset{h}{6}$; — $\overset{i}{6}$; — $\overset{k}{3}$; — $\overset{l}{2}$; — $\overset{m}{3}$, — $\overset{n}{4}$; — $\overset{o}{5}$; — $\overset{p}{6}$: — $\overset{q}{5}$.

Le rhythme *b* devrait être de trois mesures, au lieu de deux, pour servir de compagnon au rhythme *a*; le rhythme *c* devrait être de quatre mesures au lieu de trois; par rapport au rhythme *d*; le rhythme *e* dans lequel il y a une mesure répétée (voyez ce que nous avons dit là-dessus) peut être envisagé comme régulier; le rhythme *f* devrait se laisser partager en deux parties égales, dont chacune de quatre mesures, aussi manque-t-il une mesure entre la troisième et la quatrième de ce rhythme; et au lieu d'un rhythme de sept, on en aurait facilement obtenu un de huit, ou bien deux rhythmes de quatre mesure chacun. Le rhythme *g* a la première mesure de trop, et se trouve ici sans nécessité de cinq au lieu de quatre mesures, car les premières quatre notes de ce rhythme devraient se trouver dans la mesure finale du rhythme précédent; par exemple: (voy. S^4).

Quant à la seconde partie, le rhythme *h* est manqué, parce qu'il ne se laisse diviser ni en deux ni en trois parties égales, ce qu'il devrait faire, surtout dans un morceau d'un mouvement si lent. Le rhythme *i* est régulier, parce qu'il est divisible en trois parties égales; les rhythmes *k*, *l*, *m*, *n*, sont égaux aux rhythmes *a*, *b*, *c*, *d*, et ont par conséquent les mêmes défauts; le rhythme *o* a encore la troisième mesure de trop, et devrait être de quatre mesures au lieu de cinq; par exemple (voy. T^4), où cette phrase mélodique a plus de chaleur. Le rhythme *p*, comme divisible en deux parties égales, est bon; le dernier rhythme *q* serait mieux de quatre mesures que de cinq, car la seconde mesure peut être facilement supprimée; la phrase n'en serait que meilleure; par exemple (voy. U^4). Et si le compositeur tenait à cette seconde mesure (qui selon moi n'est pas de bon goût), il aurait fallu alors terminer plus largement avec le rhythme de six; par exemple (voy V^4). Quand on termine un air de cette importance, on s'arrête de préférence sur l'ultième ou antépénultième (voy. ce que nous avons dit sur ces deux mots et sur le retard de la cadence), et on fait par-là d'un rhythme de quatre mesures un rhythme de cinq; d'une manière plus naturelle. Ainsi ce rhythme *q* aurait pu finir encore l'air beaucoup mieux de la manière suivante, en lui laissant ces cinq mesures: (voy. X^4).

Il est loin de notre pensée de vouloir déprécier le mérite de cet air auquel le public éclairé a donné son suffrage; mais il s'agit de démontrer s'il a du charme pour lui, en quoi ce charme consiste, et où il faut le chercher.

Si l'observation des principes du rhythme a contribué, ce qui est indubitable, au mérite et au charme de tous les exemples mélodiques que nous avons cités, il est évident que le rhythme n'a en rien contribué au charme de cet air, parce qu'il n'y est pas observé. Si cet air pouvait nous intéresser par sa *mélodie*, il faudrait donc supposer les

50

deux cas suivans: 1° qu'une Mélodie peut avoir du charme pour nous, quand ses phrases sont chantantes et *bien rhythmées* ; 2°. qu'une Mélodie peut avoir de même du charme pour nous, quand ses phrases sont chantantes et *mal ou point du tout rhythmées*. C'est au moins le point d'une discussion importante, laquelle, si elle prouvait pour les deux cas, ne serait qu'avantageuse pour la Mélodie; parce qu'elle déciderait que la Musique a deux moyens différens de nous intéresser par la Mélodie, dont un serait *rhythmé* et l'autre *non rhythmé*. Nous n'avons rien de plus à dire sur le premier de ces deux cas. Quant au second, il n'est point douteux que des phrases chantantes et *non rhythmées*, ou bien *mal rhythmées*, peuvent encore avoir une espèce de charme pour nous, telle est la puissance de la Mélodie. Mais je crois qu'il est prouvé suffisamment par tout ce que nous avons dit sur la nature de la véritable Mélodie, que de telles phrases, aussi bonnes qu'elles puissent être, prises séparément, ne constitueront point un bel air qu'on doive citer comme modèle d'une véritable Mélodie; qu'une Mélodie faite avec ces espèces de phrases pourrait bien produire un effet local, mais non général, c'est-à-dire qui pourra plaire dans un endroit, ou même parmi une seule nation, mais non pas parmi les autres en même tems; qu'il n'excitera pas un grand enthousiasme; qu'il ne nous transportera point; bref, qu'il n'aura pas cette évidence qui caractérise tant d'autres productions du même genre, etc.

Pourquoi Piccini, qui était l'homme par excellence pour faire des Mélodies fort intéressantes, et par conséquent bien rhythmées, a-t-il fait cet air sans y observer les principes du rhythme? Il ne m'appartient pas de le chercher. Peut être que la scène française, bien différente de celle des autres pays, la langue et particulièrement sa prosodie, ainsi que les vers de cet air, en sont la cause.

Il y a ensuite d'autres genres de Musique, principalement pour la scène qui n'ont pas pour but de nous intéresser uniquement par la Mélodie, et dans lesquels on observe plus ou moins le rhythme, et souvent point du tout. Mais comme cet ouvrage n'est consacré qu'à l'intérêt purement mélodique, ces productions n'ont point de rapport avec lui, et ne peuvent être ici l'objet d'une discussion. Si Piccini a voulu classer son air parmi les morceaux dont nous venons de parler, ce qui est vraisemblable, alors nous n'avons plus rien à dire.

Nouvelles observations sur le rhythme.

Quand c'est l'accompagnement qui répète la première mesure d'une phrase mélodique, on peut par ce moyen non moins piquant, transposer un rhythme de quatre en un de cinq. Ainsi, cela ajouterait aux quatre moyens indiqués plus haut, un autre moyen de changer un rhythme de quatre en cinq. Comme il est fort avantageux de les connaître tous les cinq, et de les bien distinguer les uns des autres, nous les indiquerons ici par l'exemple suivant (voyez Y⁴, N°. 1, 2, 3, 4, 5, 6). Ils peuvent servir dans les cas où le rhythme de quatre, celui dont on se sert le plus souvent, pourrait devenir monotone.

OBSERVATIONS GÉNÉRALES.
SUR LES COUPES, CADRES OU DIMENSIONS MÉLODIQUES.

La coupe est le *patron* de la Mélodie et d'un morceau de Musique en général, et comme un *cadre* peut être carré, rond ou triangulaire, de même la Mélodie peut avoir cette différence de *cadre*. L'étude de ces cadres est très-importante pour un compositeur, et cependant personne n'en a encore parlé dans l'art musical. L'étude de la composition se borne de nos jours à apprendre le contrepoint simple, le contrepoint double, les canons et la fugue. Sur cinquante autres objets, plus importans les uns que les autres, toutes les écoles sont absolument muettes, comme si ces objets étaient tout-à-fait étrangers à la Musique! On compose dans telle ou telle coupe, parce qu'on s'est apperçu qu'il existe des morceaux de Musique écrits dans ces dimensions-là, ou bien on enchaîne ses idées au hasard. Le peintre, le poète, l'architecte connaissent la coupe de chaque production de leur art, et l'enseignent à leurs élèves; pourquoi cela ne peut-il avoir lieu de même en Musique? C'est qu'il n'existe point et qu'il n'a point encore existé de véritable école musicale, et que tous les traités sur cet art admirable ne concernent que l'harmonie, le contrepoint et la fugue, trois objets qui, quoique très important, ne font qu'à-peu-près un tiers de tout ce qu'on devrait apprendre et enseigner en Musique. Un élève qui a terminé son cours d'Harmonie ne sait encore que fort peu de chose, et se trouve à chaque moment arrêté par mille autres difficultés dont il n'a jamais entendu parler; et s'il croit être au-dessus, il marche de travers, n'aboutit à rien et revient presque toujours au point d'où il est parti.

Nous savons ce que c'est que la *petite coupe binaire*, la *petite coupe ternaire* et la *grande coupe binaire*, les six derniers morceaux analysés sont tous composés dans cette dernière.

La *grande coupe ternaire* est composée de trois parties, dont chacune est de plusieurs périodes. Elle est par conséquent en grand ce que la coupe du rondeau est en petit. On l'emploie des deux manières suivantes: 1°. sans changement de mouvement: première partie qui se termine à la tonique (*ut* majeur et *ut* mineur), la seconde, dans un ton relatif (en *la* mineur ou en *mi* ♭); la troisième partie ou bien la répétion de la première c'est-à-dire *da capo*. 2°. En changeant de mouvement, et souvent aussi de mesure: même plan, mais avec la différence que si la première partie est *allegro*, et par conséquent la troisième de même, la seconde prend le mouvement de *largo*, d'*adagio* ou d'*andante*; et si la première et troisième parties sont d'un mouvement lent, la seconde devient *allegro, allegro moderato* ou *allegretto*.

Cette coupe ternaire a prévalu sur toutes les autres du tems de Haendel, Jomelli et Hasse. Gluck a encore composé beaucoup d'airs dans cette coupe, comme on peut le voir dans ses opéras. On en a abusé alors au point qu'on entendait à peine un grand air dans une autre coupe; c'est ce qui fait qu'elle a vieilli, et que depuis

52

plusieurs années on ne l'entend plus: la grande coupe binaire l'a remplacée. Cette coupe ternaire avait en effet deux inconvéniens, l'un, qu'il fallait entendre une seconde fois la première partie, souvent fort longue, toute entière et sans modifications quelconques; l'autre, qu'on altérait inutilement les mouvemens de l'air, et qu'on donnait par-là deux faces différentes au morceau; ce qui devait souvent nuire à l'unité de son caractère. Cependant on a tort d'exclure tout-à-fait cette coupe, et de n'employer que la grande coupe binaire. Mais pour que la première n'ait pas les inconvéniens dont nous venons de parler, il faut la considérer de la manière suivante: première partie, pas trop longue, finissant dans le ton primitif; seconde partie, dans la dominante, ou bien se promenant dans les différens tons relatifs; trosième partie, ou bien la reprise de la première avec quelques modifications, ou des changement légers, pour lui donner un nouvel intérêt et finissant avec une coda qui n'a pas eu lieu dans la première partie.

Outre les quatre coupes cardinales indiquées, il y en a encore d'autres, par exemple: la petite coupe *variée*, qui consiste en un thème qui se représente sous différentes formes, qu'on appelle *variations*; 2º la grande coupe *variée*, où on prend deux motifs différens, dont un majeur et l'autre mineur, qu'on varie alternativement, coupe dans laquelle sont faits la plupart des *andante* d'Haydn: ces deux coupes ne sont point usitées pour le chant 5º Coupe *arbitraire* qui sert pour les fantaisies et les préludes.

Il n'exite point de fantaisies, et encore moins de préludes mélodiques. Cependant ce serait un genre de chant à créer, ou au moins à essayer, même pour la voix.

4º. Coupe *libre* ou *indéterminée*, où l'on fait beaucoup de périodes, sans les partager en deux, trois ou plusieurs parties. Cette coupe peut s'employer particulièrement dans différens airs déclamés; mais il ne faut pas s'en servir trop dans les airs d'un intérêt purement mélodique. 5º. Coupe *de retour*, où l'on répète *souvent* le motif, mais chaque fois après une nouvelle période, comme dans beaucoup de rondeaux.

Il serait neuf et piquant d'essayer de faire de tems en tems des rondeaux où ces périodes entrelacées avec le thème seraient dans un autre mouvement que le motif.

J'espère qu'après ce que l'on vient de dire sur la Mélodie, on sera en état d'analyser soi-même une Mélodie quelconque, sous le rapport de sa coupe, de ses périodes, de son rhythme et de ses cadences.

REMARQUES SUR LES AIRS DÉCLAMÉS ET SUR LES MORCEAUX D'ENSEMBLE.

Les airs déclamés de nos opéras dans lesquels la partie chantante ressemble le plus souvent à une partie d'accompagnement, ne peuvent nous intéresser par la Mélodie; car presque jamais ils n'en ont une véritable. Ils ne sont autre chose qu'une espèce de déclamation mesurée. L'harmonie, les effets de l'orchestre, la situation dans laquelle le chanteur se trouve, son talent comme acteur, tout cela doit concourir à nous rendre ces airs intéressans. Et tel air déclamé qui produit de l'effet sur la scène, s'il était déplacé, et si sa partie chantante était exécutée par un instrument, ne produirait fort souvent qu'un amas confus de sons. La vraie Mélodie est toute autre chose: par-tout où nous l'entendons, elle a du charme et de l'intérêt pour nous. Il est donc important de faire une distinction entre les airs déclamés et ceux d'un intérêt purement mélodique. C'est par cette raison que les premiers n'appartiennent point à ce traité. Au reste, nous avons consacré un article développé sur les *airs déclamés*, dans un ouvrage intitulé: *De la Musique, comme art purement sentimental*, et qui paraîtra incessament.

Quant aux morceaux d'ensemble, l'Harmonie y joue un trop grand rôle pour être uniquement l'objet de la Mélodie; et s'ils doivent être chantans, ce qu'il faut autant que possible, cela ne peut avoir lieu qu'en donnant la Mélodie à l'une des parties chantantes, qui par intervalle chante, ou seule ou en *duo*, ou bien accompagnée par les autres, d'après les principes de l'Harmonie: on observe alors les préceptes que nous avons exposés sur la Mélodie.

Le *Duo* est un des morceaux d'ensemble dans lequel on exige le plus de Mélodie. Ici, les phrases mélodiques, quand les deux parties marchent ensemble, se chantent à la tierce ou à la sixte, comme les deux intervalles les plus propres au *duo*. Le *duo* peut prendre, selon la coupe et le caractère des vers, et selon la situation théâtrale, ou la petite coupe binaire, ou la petite coupe ternaire, ou bien la grande coupe binaire, double ou simple. Voilà un exemple de Mozart de *la Clemenza di Tito*, qui est un excellent modèle sous le rapport de la Mélodie et sous le rapport de l'Harmonie à deux. (Voy. Z^4.) La coupe de ce duo est celle de la petite coupe ternaire. Le motif, après la ritournelle, est répété immédiatement, chaque fois par une autre voix, (1) et ne compte ici que pour le thème simple d'une période. Ainsi, il y a 1°. le motif répété, ou la première période; 2°. la période intermédiaire, ou la seconde période; 3°. le motif *da capo*, ou la troisième période avec une coda. Outre ces trois périodes principales, il y en a deux petites arbitraires, dont une pour la ritournelle initiale, et l'autre pour la ritournelle finale. Le tout par conséquent consiste en six périodes, trois principales, dont la première répété, et deux accessoires. Le rhythme très régulier de ce morceau est : 4. — 4; — 4: — 2. — 4; — 4: — 2. — 4; — 4; — 4. — 4. — 4; — 4: — 2; — 2; — 2: — 2: — 2. — 4. Les rhythmes de quatre sont ici si bien faits, qu'on peut les diviser parfaitement en deux parties égales, parce qu'ils ont tous un repos sensible dans la seconde mesure; en sorte qu'on pourrait envisager chacun d'eux, si on voulait, comme formant deux rhythmes, dont chacun de deux mesures. D'après cela le *duo* marche de deux en deux depuis le commencement jusqu'à la fin; ce qui est d'autant plus remarquable, que cela ne produit point de monotonie.

---

(1) Les répétitions des phrases et même des périodes courtes, alternativement exécutées de suite par deux voix différentes, ont dans la Musique quelque chose de piquant, qui provient de la différence du timbre des voix avec lesquelles elles se font.

54

Nous ajouterons à cette occasion la remarque suivante sur le *duo*: quand deux phrases différentes se succèdent, en guise d'imitation, par exemple, (Voy **Z⁴**. N°.1), où la phrase inférieure commence avec la note finale de la phrase supérieure, *et vice versâ*, il y a là nécessairement deux rhythmes qui s'entrelacent et s'interrompent mutuellement: et comme on peut aussi envisager ces cinq mesures comme un seul rhythme, si l'on veut, il s'ensuit qu'on obtient encore un nouveau rhythme de cinq mesures, qui est même fort agréable et fort piquant. Mais si ce même exemple continue de la sorte: (Voy. **Z⁴**, N°. 2), ou (Voy. **Z⁴**, N°. 3), le rhythme est alors absolument carré, et la cinquième mesure est le commencement d'un autre rhythme. Dans ce cas, c'est d'après la première partie commençante qu'on analyse le rhythme. Ainsi, c'est la suite qui détermine s'il faut envisager le N°. 1 comme un rhythme de cinq, ou comme un rhythme de quatre, à l'exemple des N°. 2 et 3.

SUR LES DIFFÉRENS CARACTÈRES DE LA MÉLODIE.

La Mélodie exprime différens caractères, ou, pour mieux dire, différentes modifications du sentiment. Deux airs composés dans le même ton et avec la même mesure, modulés de la même manière, et ayant le même rhythme et la même coupe, peuvent être néanmoins entièrement opposés de caractère. Quelle en est donc la cause? Elle dépend 1° de la différence dans la succession des sons et des intervalles; 2°. des différentes valeurs des notes 3°. de la différence du mouvement plus ou moins accéléré de la mesure; en un mot, cette différence existe principalement dans le choix des dessins mélodiques. Les dessins d'un air quelconque sont la partie qui doit être créée; c'est l'émanation du sentiment, du goût, de l'intelligence, et enfin du génie. Il serait plus qu'inutile de vouloir prescrire les moyens et les principes pour créer les dessins d'un air, parce que ce serait dépasser de justes limites, qu'on ne pourrait franchir impunément.

On sait que les mêmes mesures exécutées avec des mouvemens différens produisent des effets divers; qu'entre les valeurs longues et brèves des notes, exécutées dans le même mouvement de mesure, il y a une différence de caractère plus ou moins marquée, selon que ces valeurs diffèrent plus ou moins entr'elles. On ne connaît pas moins les différences de caractère de nos gammes majeures et mineures, etc. C'est au compositeur à choisir dans tout cela ce qu'il veut ou ce qu'il doit exprimer. Mais une Mélodie d'un caractère quelconque doit nécessairement observer plus ou moins les principes généraux sur le rhythme, la symétrie, les périodes, les coupes, etc., développés et fixés dans ce *Traité de Mélodie*.

OBSERVATIONS SUR L'UNITÉ ET LA VARIÉTÉ DE LA MÉLODIE,
ET EN GÉNÉRAL D'UN MORCEAU DE MUSIQUE.

Il faut bien distinguer l'unité de la variété, et ne pas croire qu'une grande variété peut nuire à l'unité. La variété est l'âme de la Musique: elle est pour cet art d'expression, ce que les proportions géométriques sont dans les sciences abstraites.

Un morceau de Musique peut avoir, 1°. de l'unité et point de variété: dans ce cas, il est pauvre et monotone; 2°. il peut avoir beaucoup de variété et point d'unité; alors, ce n'est qu'un habit d'arlequin cousu de mille pièces de différentes couleurs: ces lambeaux peuvent être d'une bonne qualité d'étoffe et avoir quelque mérite sous ce rapport, pris séparément, mais le tout ensemble ne vaut rien; ou bien, 3°. un morceau de Musique peut avoir en même tems beaucoup d'unité et beaucoup de variété, alors, c'est une véritable production de l'art, le type d'un talent distingué, et un modèle pour les artistes. Ainsi, l'unité est aussi importante que la variété.

Tout ce qui évite la monotonie appartient à la variété. Tout ce qui lie les idées d'une manière évidente, franche et naturelle, et fait qu'un morceau est un tout bien proportionné, et sans nulle hétérogénéité, appartient à l'unité.

Dans les autres beaux-arts, il n'est pas difficile de démontrer ce que c'est que l'unité, parce que c'est à l'esprit qu'on parle, et que ce dernier en est le juge. Ainsi, il est facile de démontrer, par exemple, ce que c'est que l'unité de tems, de lieu et d'action, dans la poésie dramatique; on en a fixé les principes qui peuvent guider le poète, d'une manière indubitable. Mais dans la Musique, qui est un art de pur sentiment, comme on le verra dans le traité déjà annoncé; où l'esprit seul ne peut être juge compétant; où tout est dicté et créé par ce sentiment, ou, enfin, tout en dépend, là, il est presque impossible de démontrer, d'une manière évidente, en quoi consiste la variété, et particulièrement l'unité. S'il s'agit d'éviter la monotonie, il faut que le sentiment du compositeur le lui indique; s'il faut éviter de heurter l'unité, ce n'est encore que son sentiment qui puisse l'avertir: sinon, il aura beau vouloir s'en empêcher, il n'y parviendra pas. Un sentiment parfait, un goût exquis, et de l'imagination, voilà d'abord les trois choses principales qu'il faut pour éviter la monotonie, (cette maladie des beaux-arts si commune de nos jours), pour trouver une variété heureuse et pour obtenir une unité parfaite.

Il faut entendre souvent de beau modèles, chercher à s'en rendre compte, les analyser avec attention et sous tous les rapports. Les productions de Hændel, de Jomelli, de Paisiello, de Cimarosa, de Mozart, et particulièrement de Haydn, sont d'excellens modèles en ce genre.

On évite la monotonie des sons, des gammes et des cadences par des modulations, mais qui soient franches et naturelles, pour ne pas nuire à l'unité. Un mélange heureux de différens timbres, de diapasons, *du Forte et du Piano*, des différens rhythmes, des phrases et des périodes courtes et longues, mais symétriquement distribuées, et différentes valeurs de notes et d'intervalles bien proportionnées entretiennent la variété.

Tout ce qui est hétérogène, soit dans les modulations, soit dans les timbres, soit dans les idées etc., etc., doit nécessairement heurter notre sentiment, et par conséquent nuire à l'unité.

On s'est aperçu que beaucoup d'idées différentes, entassées dans un seul morceau, nuisent plutôt à l'unité, qu'elles ne contribuent à la variété (1). C'est par cette raison qu'on aime à revenir souvent sur ses idées, qu'on préfère de les développer, de les modifier et de les varier. Avec deux ou trois idées mères, Haydn a créé des chefs-d'œuvre; pour l'imiter sous ce rapport, il faut connaître le secret de l'art. Ce n'est qu'une école excellente, mais qui est encore à créer, qui puisse le divulguer au élèves, et les initier dans les mystères de la Mélodie et de l'Harmonie (2).

La seule étude de la fugue, quand on y est parfaitement bien guidé, apprend 1° ce que c'est que l'unité de gammes avec toute la variété possible; 2° à bien moduler; 3° à développer ses idées et à en tirer tout le parti possible; 4° à observer l'unité la plus stricte. Si elle n'apprend pas ce que c'est que la véritable Mélodie, il n'est pas moins vrai qu'on peut parfaitement bien rapporter tous ses principes (en y ajoutant la théorie du rhythme et les coupes mélodiques) à la Mélodie parceque celle-ci doit de même observer l'unité de gammes, et qu'elle suppose qu'on sait bien moduler, bien développer ses idées mélodiques, et en tirer parti, comme nous le verrons plus bas, et qu'elle exige l'unité la plus parfaite. Ainsi, si cette production savante, la fugue, n'a pas d'intérêt pour le vulgaire, parce qu'elle n'est pas à sa portée, elle doit rester chère à tous les véritables artistes et amateurs. La fugue est ce qui exige l'unité la plus évidente; elle est jusqu'à présent la seule production où cette unité peut être parfaitement discutée et démontrée d'avance. C'est à l'étude constante de la fugue que les deux plus grands hommes en Musique, Haendel et Haydn, devaient une grande partie de leur talent, et que nous devons nous mêmes une grande partie de leurs sublimes productions.

SUR LA MANIÈRE D'EXÉCUTER LA MÉLODIE,

ET SUR L'ART DE LA BRODER.

Il ne suffit pas d'inventer des Mélodies heureuses, il faut encore qu'elles soient exécutées d'une manière parfaite. S'il est difficile de les créer, il est non moins difficile de les bien rendre. Qu'on ne compare point l'art de l'exécution avec l'art de la simple déclamation: sur cent personnes qui déclameront assez bien, à peine en trouvera-t-on deux qui chantent passablement. Pour être un chanteur excellent, il faut 1° une voix sonore et en même tems douce, flexible et agréable, et d'une étendue suffisante et égale; 2° une sensibilité profonde; 3° un goût exquis; 4° une école parfaite 5° les organes auditifs très exercés, fins et délicats. On peut dire que c'est un phénomène rare, lorsqu'on

---

(1) C'est une erreur de l'ignorance de croire qu'il faut inventer sans cesse de nouvelles idées pour nous intéresser. Il est beaucoup moins difficile de les entasser de la sorte, que d'en développer deux ou trois d'une manière intéressante. Il faut savoir tirer parti de ses idées, voilà le grand point de la composition. Imaginez un homme dans la littérature qui a la facilité d'inventer des idées, mais qui les place sans raisonnement, sans convenance, sans ordre; quel singulier rôle jouera-t-il parmi les connaisseurs? N'est-ce pas à-peu-près ainsi qu'on compose la Musique aujourd'hui?

(2) *Haydn disait:* «Avais-je trouvé une idée heureuse, je m'efforçais alors de la conduire *selon les règles de l'art:* c'est précisément ce qui manque à tant de compositeurs actuels. Leurs idées sont décousues et finissent à peine commencées; aussi ces compositions ne laissent-elles aucun souvenir dans le cœur.» (Voyez la *Notice historique sur la vie et les ouvrages* de Jos. Haydn, par Joachim le Breton, secrétaire perpétuel de la classe des beaux-arts de l'Institut de France.)

trouve toutes ces qualités réunies dans un seul individu. Combien de compositeurs ne sont-ils pas victimes d'une exécution sans nuances, sans goût, sans sentiment, ou enfin sans des voix qui puissent nous charmer et nous intéresser! C'est à-peu-près comme si on voulait déclamer les vers de Racine dans le patois gascon.

Il est bien remarquable qu'aucun climat n'a produit d'aussi excellentes voix, d'aussi parfaits chanteurs et en si grande quantité que l'Italie. Mais aussi aucune nation n'a eu d'aussi excellentes écoles de chant que les Italiens. Parmi les chanteurs des deux sexes de ce climat heureux, il y en a qui, avec leur voix céleste et leur manière incomparable d'exécuter la Mélodie (comme Farinelli), ont renouvellé les merveilles et la puissance extraordinaire de la Musique des Grecs.

Il y a une évidence d'exécution qui, si elle pouvait être connue de tous les chanteurs, exclurait toute autre exécution: la célèbre Me Todi serait la cantatrice de tous les siècles: les autres manières d'exécuter, qui ne s'en rapprochent pas, sont de mode et passent de mode. Il serait important de connaître et de suivre généralement l'évidence d'exécution; mais, hélas! c'est aussi impossible que de répandre sur la terre entière les rayons lumineux des grandes vérités qui n'éclairent que les humbles demeures des véritables philosophes. Delà vient qu'il y a une manière de chanter en Italie, une autre en France, et une troisième en Allemagne. En Italie, on chante encore, mais on n'y chante plus tout-à-fait comme autrefois; et les bonnes écoles commencent à y dégénérer. En France, on crie toujours encore plus qu'on n'y chante. En Allemagne, on participe des deux, c'est-à-dire qu'en général on n'y crie pas trop fort, mais aussi on n'y chante pas trop bien. Du tems d'Allegri, Palestrina, Corelli, Haendel, Leo, Durante, Marcello, Jomelli jusqu'au tems de Hasse, on chantait de la manière la plus simple, la plus touchante et la plus noble. Le chanteur ne se permettait alors autre chose que d'employer par-ci par-là quelques *appoggiature* (ou petites notes), le trille et quelques petits agrémens mélodiques, et puis sur la pénultième ou antépénultième (c'est-à-dire à la fin de l'air) un point d'orgue. Les compositeurs de ce tems avaient au moins autant de part que le chanteur au succès d'un air. Après cette époque la scène changea de face; et au lieu de chanter avec cette manière simple, on commença à tout broder. Les compositeurs devinrent les esclaves des chanteurs, et dans la suite, pour ainsi dire, nuls. Ils ne faisaient que des espèces de squelettes d'airs, auxquels les chanteurs donnaient la couleur et la vie, par la manière dont ils les brodaient. La nouveauté a toujours eu beaucoup d'attrait pour nous. On a été bien loin de s'apercevoir alors combien on faisait tort à la Musique, d'applaudir ces espèces d'airs d'une manière aussi exaltée et aussi générale; car c'est depuis cette époque qu'il faut dater la décadence de la composition en Italie.

Comme ces airs brodés, étant bien chantés, ont eu toujours beaucoup de partisans, et qu'ils ont eu en même tems une influence funeste sur la composition, il ne sera pas inutile de faire les remarques suivantes:

Lorsque quelque chose dans les beaux-arts fait plaisir d'une manière presque générale, il faut aussi qu'il ait un genre de mérite. Il n'est point sans intérêt pour l'art de savoir en quoi ce genre de mérite consiste. Rejeter une pareille chose sans examen est folie, comme c'en est une de la préférer à tout le reste.

Il ne faut pas non plus confondre la chose même avec l'abus qu'on en fait; car il y a toujours une grande différence entre les deux. Il faut aussi distinguer un chanteur de talent qui, avec une voix flexible et agréable, et avec un tact rare et un goût exquis, brode un air, d'avec ces mauvaises charges et pitoyables caricatures qui en produisent encore de plus mauvaises. Et si le premier a, outre cela, assez d'esprit pour placer ses broderies bien à propos, il ne faut pas le confondre avec ces derniers qui les emploient à tort et à travers.

Il est naturel à l'homme d'admirer des difficultés vaincues, lorsqu'il croit s'en apercevoir; mais si ces difficultés sont en même tems accompagnées de charme, l'admiration augmente et se change fort souvent en enthousiasme. J'ai été plusieurs fois témoin de cet enthousiasme général, et je dirai franchement que j'y ai participé.

Un chanteur, pour nous intéresser de la sorte, doit avoir, 1° une voix agréable, flexible et propre à cette manière de chanter; 2° un goût fin et un tact délicat; 3°. il faut qu'il ait vaincu sous ce rapport beaucoup de difficultés par un long exercice; qu'il ait acquis l'art de broder correctement. On conviendra que toutes ces qualités réunies dans un seul individu sont fort rares. Les simples sons d'une belle voix ont déjà beaucoup d'attrait pour nous. Quand ensuite ces sons sont partagés et divisés en différentes valeurs de notes, dans une mesure régulière, en cadences symétriquement distribuées, en gammes régulières et bien enchaînées, en rhythmes et périodes bien proportionnés; et quand enfin tout ceci est accompagné d'une harmonie simple et douce, le charme doit nécessairement devenir irrésistible.

Je placerai ici les trois morceaux suivans, tels que je les ai entendus broder par un habile chanteur italien, avec le Thème simple au dessus, afin de le comparer à ses variantes. Ce virtuose a eu la complaisance de me les chanter en particulier, pour pouvoir les noter avec plus de sûreté. Ils peuvent servir aux compositeurs comme exemples d'airs faits pour être brodés (1), et aux chanteurs comme un exemple d'exécution de ce genre. (Voy. A⁵ Nᵒˢ 1, 2, 3.)

Observations pour les Compositeurs et les Chanteurs, sur ces trois airs.

1° On ne varie ou brode de la sorte, que dans les mouvemens fort lents, et dans la mesure à quatre tems, qui est la plus large; c'est pourquoi je n'ai point mis les *allegro* qui terminent ces airs. 2° La coupe de ces *adagio* doit être dans la petite coupe ternaire, que les Italiens appellent *rondeau*. 3° Comme dans ce rondeau le motif est répété, (puisqu'on le reprend *du capo* pour la troisième période), les chanteurs habiles le varient la seconde fois avec d'autres nuances que la première. 4° La Mélodie en doit être large et simple, autant que possible, de la part du compositeur; le rhythme rigoureusement observé, et les cadences fortement prononcées. 5° Le chanteur doit strictement observer les cadences, et ne point les altérer et les changer en brodant, c'est-à-dire ne point faire d'une demi-cadence

---

(1) D'autant plus que ces broderies ne sont autre chose que des variations de la Mélodie, que les compositeurs eux-mêmes peuvent souvent employer avec succès, comme Haydn l'a fait dans la plupart de ses *andante*; car enfin, il faut convenir qu'une Mélodie bien variée, reste toujours de la Mélodie, parce qu'on y conserve le même rhythme, les mêmes cadences, les mêmes périodes et les mêmes coupes mélodiques

une cadence parfaite, et *vice versâ*, ou ne point les effacer, ce qui est une faute impardonnable. Il faut enfin qu'on reconnaisse dans ces broderies le type de la Mélodie du compositeur,
et particulièrement du rhythme. Tout chanteur habile doit observer ces principes importans 6°. La première période, ou le motif, qui ne peut jamais être trop longue, ne se fait
que dans les cordes de la tonique, et n'est accompagnée que de l'harmonie la plus simple
possible, c'est-à-dire que d'accords parfaits majeurs et mineurs, et de la septième dominante, lesquels ne doivent pas se succéder rapidement. Tous ces accords doivent être pris
dans la gamme primitive; car comment supposer que des chanteurs qui n'ont en général
de mérite que leurs voix, puissent broder exactement une Mélodie accompagnée d'une
harmonie savante et recherchée, et qui modulerait sans cesse? Ce ne serait que d'un compositeur habile qu'on pourrait attendre quelque chose de pareil. C'est aussi par cette
même raison qu'on préfère de composer ces airs dans le ton majeur, parce qu'il est plus
difficile de broder dans le ton mineur. 7°. La seconde période, qui ne se fait que pour
revenir à la première, doit un peu moduler, au moins dans la dominante. C'est aussi cette
seconde période que les chanteurs brodent beaucoup moins par rapport à ces modulations
qui les gênent. Mais comme ils sentent qu'un *largo* de cette longueur ne peut rester
constamment dans le même ton, il faut bien se plier à cela. 8°. On aime à s'arrêter
dans ces airs à la fin de la seconde période, sur l'accord parfait ou sur la septième dominante, pour donner occasion de faire un point d'orgue et de faire un conduit.

Si ces sortes d'airs brodés ont, d'une part, fait beaucoup de plaisir, d'un autre
côté ils ont fortement nui à l'art, particulièrement chez les Italiens, qui ne font
maintenant que se répéter sans cesse. La raison en est que les compositeurs étaient
obligés de sacrifier l'art au caprice, à l'incurie et à la frivolité, en ne composant
que des airs faits pour être brodés par des chanteurs qui n'avaient qu'à-peu-près
deux modulations et deux accords dans l'oreille, et ne pouvaient pas broder sur
d'autre harmonie et d'autres modulations. Les compositeurs en marchant de la
sorte, ont oublié les ressources immenses de leur art, et ont laissé dégénérer
l'école italienne; ensorte qu'ils tournent maintenant dans un cercle fort étroit
où ils ne font que se répéter sans cesse. Beaucoup de monde y compose, ignorant ce que c'est que la composition, (ce qui arrive aussi de nos jours dans
d'autres pays). Les Leo, Durante, Jomelli, Maio, ont disparu depuis long-tems.

Les chanteurs, à l'époque de cette décadence, ne voulaient plus que des airs
à broder; et l'on peut dire que, depuis près de quarante ans nous vivons dans l'é-
poque de la broderie musicale, dont les trois airs que nous venons de citer peuvent donner une idée désormais, et servir de tradition à l'histoire de cet art: car,
il est à présumer que cette manière de chanter, par l'abus qu'on en fait, passera
de mode, ou au moins se restreindra dans des bornes raisonnables, qui seraient
d'employer ces airs fort rarement, et en faveur d'une voix excellente et fort
propre à l'exécuter; de ne les confier enfin qu'à des chanteurs d'un goût
exquis, et de ne les placer qu'à propos. Dans ce cas, on pourrait les envisager

comme un genre particulier d'airs, et les distinguer des autres, en les nommant *airs à broder* (1).

Mais le compositeur qui fait un pareil air, ne peut-il le broder lui-même, et le faire dans ce cas sur une harmonie, et avec des modulations plus riches? Oui, s'il ne compose que pour la Musique instrumentale; mais, je lui conseille de s'en garder, s'il a envie de le faire pour la voix. D'abord, un compositeur n'est pas un chanteur; ce qu'il composera pour sa voix, ou avec sa voix, ne conviendra ni au talent ni à la voix du chanteur habile. Les broderies *prescrites* sont ensuite presque toujours mal exécutées. Un chanteur de talent les fait le plus souvent par inspiration, ce qui vaut toujours mieux dans ce cas que la recherche du compositeur. Le chanteur les arrange d'après la nature de sa voix et de son diapason, et les modifie souvent; tout cela est perdu, si le compositeur le prescrit.

Dans les airs de bravoure, autre espèce d'airs, qui sont composés de la Mélodie simple et de traits ou roulades, qui de même doivent se rapprocher de la Mélodie, en y observant le rhythme et par conséquent les cadences, le compositeur doit tout prescrire: tant pis pour lui s'il n'en a pas le talent.

Quand aux Mélodies variées dans la Musique instrumentale, où un compositeur doit tout créer, où il peut employer en même tems toutes les ressources de son art, je ne puis que le renvoyer aux ouvrages de Haydn, et lui conseiller de les analyser et de les étudier sans cesse. Une Mélodie, par toutes ces ressources-là, peut être variée à l'infini. Cet objet pourrait fournir la matière d'un gros volume. La manière avec laquelle les Italiens exécutent leur récitatif obligé, qu'ils chantent et ne déclament point comme en France, pourrait donner lieu à un nouveau genre d'airs, qui n'existe pas, et qui deviendrait fort piquant dans de certaines situations théâtrales (2). Ce genre serait de faire dialoguer le chant avec l'orchestre par des phrases entières ou des rhythmes bien proportionnés, (et par conséquent mesurés), et d'accompagner

---

(1) Pour l'histoire de la Musique et l'intérêt de l'exécution, il serait important de fixer par la notation les différentes époques dans le goût du chant et l'art des broderies, employés par les virtuoses célèbres, afin de comparer leurs méthodes entr'elles, et de choisir celles qui appartiennent aux meilleures écoles et au goût le plus parfait. Quel intérêt pour les artistes et les amateurs de comparer la méthode d'un Farinelli, d'une Durastanti, d'une Faustina, d'une Gabrielli, d'une Todi, d'un Cafarelli, etc.!

(2) Le récitatif obligé, comme on l'exécute en Italie, tient à-peu-près le milieu entre la mélodie, la déclamation musicale ou le récitatif simple. Mais comme ses phrases ne sont ni mesurées ni rhythmées, il est impossible de les retenir, quoiqu'elles aient souvent beaucoup d'effet. Tout ce qui n'est pas rhythmé se retient difficilement. C'est pourquoi l'air de Piccini: *Ah! que je fus bien inspirée,* ne se grave point dans notre mémoire, même après l'avoir entendu plusieurs fois, si l'on excepte pourtant les trois ou quatre premières mesures du motif. Par cette même raison, beaucoup d'airs à peine rhythmés de Hasse et d'autres compositeurs célèbres de leurs tems, n'ont ni assez de charme ni assez d'intérêt pour nous, parce que Paisiello, Martini (auteur de la *Cosa rara*) Cimarosa, Haydn, Mozart, etc. nous ont habitué à des mélodies bien rhythmées et par cela même incomparablement plus heureuses. De là suit aussi que le plain-chant qui, dans son origine n'avait ni mesure ni rhythme, n'est point de la Mélodie. Et s'il a produit quelques effets du tems de Saint-Ambroise et du pape Grégoire, il ne faut point s'en étonner. Connaissait-on alors d'autre Mélodie? Encore faut-il observer qu'en Italie on le chantait avec des repos fréquens, ce qu'on n'observe pas dans les autres liturgies; et par là on le phrasait, ce qui lui donnait un certain degré d'intérêt, quoique ces phrases ne fussent pas rhythmées. De nos jours on sait accompagner le plaint-chant par une Harmonie heureuse et produire ainsi de l'effet; mais cet effet n'est qu'harmonique. De là suit encore qu'une poésie rhythmée seule est susceptible d'une véritable Mélodie, que la prose ordinaire ne pourra jamais obtenir, quoiqu'il soit très-facile de mettre une prose quelconque en Musique, quand il ne s'agit point de Mélodie.

la voix à-peu-près comme dans le récitatif simple. Dans ce cas, le chanteur aurait une nouvelle occasion de broder ces phrases mélodiques, s'il en possédait le talent.

OBSERVATIONS SUR LES AIRS NATIONAUX.

Il est impardonnable de n'avoir pas fait encore un recueil de chansons nationales, au moins de celles des pays civilisés. On sait qu'il y en a de fort originales et intéressantes, qui peignent en même tems le goût, le caractère et les mœurs des nations.

Les académies instituées pour encourager les sciences et les beaux-arts, devraient s'occuper de la Musique aussi bien que des autres branches de la littérature. Les rapports intimes et l'analogie frappante entre la Mélodie et entre la Poésie et l'Éloquence donnent à la première tous les droits d'aspirer à cet honneur, d'autant plus que par-là ces deux arts pourraient tirer de grands avantages de la Musique. Nombre de propositions pourraient être faites sous ce rapport, qui ne sont point encore résolues, et dont l'existence même est un problème. D'autres recherches, non moins importantes touchant la Musique exclusivement, seraient de même à faire et à vérifier, pour l'enrichir. Que diraient les Grecs, qui considéraient la Musique comme le premier des arts, s'ils étaient nos juges, et s'ils apprenaient que cet art si intéressant, dont les principes entrent dans tant de nos opérations morales, est en quelque sorte proscrit de nos sociétés savantes, et abandonné à une espèce de mécanisme avec lequel nous l'exerçons uniquement?

Un recueil d'airs nationaux doit intéresser, non-seulement les artistes, mais encore les gouvernemens: car il est reconnu qu'il n'est rien de plus facile que de gagner l'amitié d'une nation en lui exécutant ses propres airs, auxquels chacune tient aussi fortement qu'à ses lois et à sa religion, avec la manière, les mouvemens, les caractères, les nuances dont elle a l'habitude de les chanter. Pour cet effet; il faudrait choisir des musiciens fort habiles, et qui seraient en état de noter ces airs sur les lieux mêmes avec toutes leurs particularités, et d'indiquer la manière la plus juste de les exécuter. Ces airs devraient être appris aux élèves dans des écoles consacrées à cet enseignement, et exécutés tous les ans en public, sous la direction des musiciens dont nous venons de parler. Le public y prendrait le plus vif intérêt, surtout quand on le préviendrait par un programme que cet air appartient à telle nation. Ajoutez que cela serait aussi très-important pour la Musique dramatique, afin de lui donner la véritable couleur locale.

SUR LA MANIÈRE DE DÉVELOPPER UN MOTIF,

ET SUR LA CRÉATION DES MARCHES MÉLODIQUES.

Cette matière, qui est encore de nos jours, un secret, comme tant d'autres, mérite un examen particulier.

Développer veut dire en Musique tirer un grand parti d'une idée, d'une phrase d'un motif ou d'un thème.

Entrons en matière, et prenons le premier motif qui se présente à nous, par exemple, le motif suivant de Mozart (Voy. B⁵), pour expliquer ce que nous avons à dire sur cet objet important.

Un motif quelconque se laisse diviser en différentes phrases ou en différens des_ sins, qui sont plus ou moins longs suivant le thême. Ainsi ce thême de Mozart donne d'abord les trois desseins suivans: (Voy. B⁵, N.º 1, 2, 3). Le premier et le second dessins se laissent encore diviser en quatre dessins plus petits, par exemple (Voy. B⁵, N.º 4, 5, 6, 7). Ajoutons à ces derniers la septième mesure du thême, ce qui don_ ne un dessin de plus, par exemple (Voy B⁵, N.º 8). Outre cela, ce motif se laisse encore diviser en deux membres dont chacun de quatre mesures, par exemple (Voy. B⁵, N.º 9, 10). Ainsi ce motif contient deux membres, trois dessins et cinq petits dessins, par exemple (Voy. B⁵, N.º 11). Comme la cinquième et sixième mesures sont les mêmes que la première et la troisième, elles ne peuvent donner de nou_ veaux dessins. On était certainement bien loin de s'imaginer qu'il y avait dans cette décomposition du thême une ressource mélodique aussi extraordinaire; et qu'au moyen de ces petits dessins (renfermés dans un motif de huit mesures), on serait en état de faire un morceau fort intéressant, à-peu-près de quatre-vingts à cent mesu_ res, et même au-delà? Voilà pourtant le grand secret du célèbre Haydn, et pour l'art, celui d'une ressource inépuisable. Nous appellerons cette manière de décomposer un motif, *l'art de diriser un thême en membres et en dessins.* Pour démontrer l'évidence de ce que nous venons d'avancer, il est nécessaire de faire la remarque suivante sur la nature d'un motif.

Lorsqu'un thême quelconque a un intérêt mélodique, qu'il est chantant, natu_ rel et facile à saisir, conditions que tout bon motif doit avoir, il se grave promp_ tement dans la mémoire avec toutes ses nuances, tous ses petits dessins. Dè-là vient que nous le reconnaissons partout dans le courant d'un morceau de Musique , lors même que le compositeur ne nous en donne qu'un membre ou seulement un dessin; en sorte qu'il n'est pas nécessaire toujours de nous donner le motif en_ tier dans le courant d'un morceau, pour nous en faire jouir; et qu'il suffit pour cet effet d'en rappeller çà et là seulement un membre ou bien un dessin, qu'on répète plusieurs fois de suite, avec des notes différentes, qu'on développe, et avec lesquels dessins on crée des marches mélodiques, ou bien d'autres membres et d'autres périodes. Ces développemens des membres et des dessins pris du thême, ont un charme particulier pour l'auditeur, 1.º parce qu'on peut présenter par-là le thê_ me sous cinquante formes différentes; 2.º parce qu'on peut nous surprendre ainsi d'une manière piquante et intéressante, et tenir notre attention sans cesse en haleine; 3.º parce qu'enfin, on peut donner par ce moyen une unité extraordinaire au morceau.

La première chose que nous avons ici à démontrer, est de faire voir comment on développe un membre, un dessin mélodique, long ou court. Ces développemens ne peuvent se faire qu'au moyen des répétitions.

Les répétitions mélodiques sont de cinq espèces par exemple,(Voy. B⁵, N°. 12, 13, 14, 15, 16). D'après cela, on peut développer, ou répéter un membre ou un dessin mélodique quelconque de cinq manières différentes, (Voy. B⁵ depuis N°. 17 jusqu'à 30). Dans le N°. 17, on voit le premier membre de la **Mélodie** de Mozart (B⁵) trois fois répété de suite en montant, ce qui donne...12 mesures. Dans le N°. 18, le premier dessin est trois fois répété de suite en dessendant, après quoi il est bon de reprendre le premier membre tout entier, ce qui don_ ne...8 mesures. Dans le N°. 19, ce premier dessin paraît de même trois fois ré_ pété de suite, mais en montant, ce qui donne...8 mesures. Dans le N°. 20, ce même dessin est encore répété de suite trois fois d'une autre manière, en supposant que le motif commence en mineur, ce qui peut avoir lieu dans le courant d'un mor_ ceau; et il donne...6 mesures. Dans le N°. 21, le second dessin est cinq fois ré_ pété en montant, ce qui donne...12 mesures. On a tant soit peut altéré le dessin (Voy. B⁵, N°. 31), par ceci (Voy. B5, N° 32), à cause des répétitions de ce même dessin, qui se font d'une manière plus piquante, avec cette petite modification, qu'on peut de tems en tems se permettre en faveur du goût, mais il faut que cette altération soit si légère qu'elle ne nuise point au dessin. Ces répétitions du second dessin d'un membre exigent qu'elles soient précédées la première fois du membre entier, afin que l'auditeur se rappelle mieux qu'elles appartiennent au motif. Dans le N°. 22, c'est comme dans le N°. 21, si ce n'est que dans le N°. 22 c'est en modulant, ce qui donne....8 mesures. Dans le N°. 23, encore même exemple en descen_ dant, qui donne...8 mesures. Dans le N°. 24, on a répété le dernier petit dessin du thême trois fois de suite. Ce dessin exige qu'on fasse précéder cette répétition du motif entier, par la raison indiquée au N°s 21; ce qui donne...12 mesures. Dans les N°s 25 et 26, on a fait du petit déssin (Voy. B⁵, N°. 33), un conduit au thême qui doit le suivre en répétant ce petit dessin plusieurs fois de suite, la première fois en montant, et la seconde en descendant, ce qui donne en tout...17 mesures. Dans le N°. 27, on a répété la seconde mesure du motif plusieurs fois de suite. Il est nécessaire de faire précéder cette répétition de la première mesure du thê_ me, ce qui donne...5 mesures. Le petit dessin (Voy. B⁵, N°. 34,) n'est pas propre à être répété plusieurs fois de suite. Il y a souvent dans un thême deux ou trois petits dessins qui n'ont pas assez d'intérêt mélodique pour les développer. Dans les N°s 28 et 29, on a répété plusieurs fois de suite le petit dessin (Voy. B⁵,N°.35), qui doit être précédé des trois premières mesures du thême, ce qui fait...17 mesures. On a altéré un peu ce dessin dans le N°. 29, en y substituant l'intervalle, ou le saut de la quarte à celui de la tierce. On peut toujours faire de ces petites altérations, si le goût l'autorise, et si elles sont faites de manière à nous faire re_ connaître et deviner ces dessins, comme nous l'avons observé au N°. 21. Ainsi, dans le N°. 30 on a employé ce même dessin, altéré d'une autre manière, en le répétant plusieurs fois de suite, ce qui donne...11 mesures. Total des mesures provenant de tous ces exemples...124 mesures.

Le petit dessin (Voy. B^5, N°. 36,) est encore un de ceux qui ne se laissent point développer avec intérêt, quoique nous l'ayons employé au N°. 24.

Par ces développemens, ou par ces répétitions des membres et des dessins, on a obtenu d'un thême qui n'a que 8 mesures, la matière de 124 mesures mélodiques, qui toutes sont prises du motif, et sont par conséquent dans le caractère de ce même motif. On peut appeller ces développemens partiels d'un thême, des *marches mélodiques* (1). C'est là le grand secret de Haydn, quand il nous intéresse, nous charme, nous surprend, nous exalte à chaque moment avec un motif de quelques mesures. Aucun compositeur n'avait connu avant lui ces ressources inépuisables, et par conséquent nul n'a su en tirer un parti aussi extraordinaire; on devrait l'étudier sans cesse sous ce rapport. Non-seulement on peut créer de ces marches mélodiques avec un motif quelconque, mais encore on peut en tirer de nouveaux membres et même de nouvelles périodes, en y observant le rhythme, comme nous le verrons dans le chapitre suivant sur la manière de s'exercer dans la Mélodie.

Remarques générales sur ces développemens.

1°. Il n'est pas nécessaire d'employer toute la matière qu'on peut tirer du pareil développement d'un motif, ou bien il faudrait supposer un morceau de Musique d'une étendue assez grande, comme, par exemple, le *finale* d'une symphonie; pour des morceaux d'une longueur beaucoup moins grande, on en choisit ce qui a le plus d'intérêt et le plus de charme. 2°. Tout thème ou motif est susceptible d'un pareil développement, mais la qualité de cette matière dépend beaucoup de la nature du thême. Dans l'un elle peut être plus intéressante, dans l'autre beaucoup moins, quelquefois même il est à conseiller de n'en pas faire usage. Un thême peut avoir du charme et n'être point propre à ces sortes de développemens, quoiqu'il en soit susceptible. Cependant il est fort rare de trouver un thême intéressant, comme Mélodie, qui ne recèle au moins un ou deux dessins qui ne soient pas susceptibles d'un développement pareil. Si l'on veut rendre un morceau de Musique particulièrement intéressant par les développemens du motif, il faut alors chercher un thême qui soit en partie propre à cela, ou bien faire suivre le motif d'un autre chant, qui se laisse développer de la manière indiquée; ce qui peut avoir lieu. 3°. Le meilleur motif sous ce rapport est celui qui est composé de dessins qui, pris séparément, ont quelque charme mélodique. Le morceau se ressentira du caractère de ces

---

(1) Il est à remarquer que ces marches mélodiques indiquent des marches harmoniques, que l'on trouve en accompagnant les premières par l'Harmonie. Ces marches mélodiques ont par conséquent un double intérêt pour l'art musical; c'est de fournir, en même tems des marches harmoniques nouvelles et piquantes; au lieu que la Mélodie joue un rôle d'un médiocre intérêt dans les marches harmoniques ordinaires, où le compositeur ne fixe son attention que sur l'Harmonie.

dessins développés; il sera gai, triste, original, tendre, etc., selon que les dessins seront gais, tristes, originaux ou d'une expression douce. Un thème qui a beaucoup de dessins différens pourrait fournir trop de matière. Dans ce cas on ne choisit pour le développement que les dessins les plus saillans. 4°. Il ne faut pas s'imaginer que dans un pareil morceau on ne marche que de développemens en développemens; cela ne peut se faire que dans une fugue où l'harmonie est pour plus que la Mélodie, quoiqu'on y développe le thème dans tous les sens possibles; au contraire, il faut entre-couper ces développemens par d'autres idées analogues; il faut savoir bien amener ces ressources, et mettre tout à sa place: voilà le grand art.

5°. Il serait superflu de remarquer que toute la matière provenant de ce développement ne s'emploie pas seulement dans le ton du motif, mais dans tous les tons relatifs majeurs et mineurs. 6°. Un grand développement d'un thème ne peut avoir lieu que dans un morceau d'un mouvement accéléré. Dans les morceaux d'un mouvement lent, comme *adagio, largo, lento*, on ne peut le faire que partiellement, c'est-à-dire, qu'avec un ou deux dessins tout au plus; et souvent même on n'y emploie pas cette ressource, parce qu'on n'a pas assez de tems pour le faire ou bien l'amener, et parce que cette ressource est là d'un intérêt moins saillant que dans le mouvement vite; enfin, parce qu'il est plus difficile pour l'auditeur de retenir un motif d'*adagio* que d'*allegro* 7°. Si l'on ne sait pas bien employer ces ressources, il est possible de produire de la monotonie; mais l'unité n'en souffrira jamais: il faut, en les employant, bien moduler, il faut savoir les couper avec d'autres idées, il faut en exclure ce qui n'est pas intéressant, il faut enfin ne pas en abuser; encore une fois, il faut prendre Haydn pour modèle. 8°. Il est bon de remarquer que jusqu'ici dans la Musique vocale on a fait peu d'usage de ce développement du motif; le peu d'étendue de la voix humaine, et la difficulté qu'elle éprouve dans l'exécution, en sont en partie la cause(1). Il n'est pas cependant impossible de l'employer, particulièrement dans des morceaux d'ensemble; mais dans la Musique instrumentale, comme dans la symphonie et les quatuor, dans les ouvertures et les différens airs de ballets, on en peut faire un usage extrêmement heureux. Dans la fugue vocale et instrumentale, le développement du thème joue un grand rôle, parce qu'on y entretient l'unité, qui dans la fugue doit être rigoureusement observée, et qu'on ne pourrait pas mieux obtenir par d'autres moyens.

SUR LA MANIÈRE DE S'EXERCER DANS LA MÉLODIE.

S'exercer dans un art ou dans une partie de l'art, c'est se familiariser avec lui, c'est en rechercher la nature et les secrets. On ne connaît rien dans les arts

---

(1) Les causes principales qui s'y sont opposées jusqu'à présent, ce sont les paroles qui n'ont jamais été faites pour ces développemens. Il y aurait donc ici un genre de Musique vocale à créer, si le compositeur et le poète voulaient bien s'entendre sous ce rapport.

qui ne soit susceptible d'une perfection progressive; mais cette perfection ne s'acquiert que par un travail constant et assidu, guidé par une longue expérience. La nature, sous ce rapport, paraît être inflexible; elle ne dévoile ses mystères qu'à ceux qui se donnent le plus de peines pour les chercher et pour les approfondir. Les artistes les plus célèbres sont en même tems ceux qui ont dans leur art les connaissances les plus solides, les plus vastes et les plus profondes. Dans la Musique il faut tout apprendre; tout doit y être assidûment pratiqué, et les meilleures dispositions sont nulles sans cette culture.

Avec les meilleures dispositions du monde, la voix ou un instrument musical, demandent dix à douze années d'une étude constante pour y exceller. Quand à la composition, on n'en peut fixer le terme. Mais si la perfection d'un instrument exige tant de tems, combien n'en faudra-t-il pas pour porter la composition à un dégré éminent (1) ?

Or, si tout objet dans les arts exige un travail et un exercice sévères, pour s'en rendre maître au point d'y exceller d'une manière éclatante, il serait donc bien extraordinaire que la Mélodie, la partie la plus importante de la Musique, en fût exemple. Non, elle ne l'est pas plus que le reste. Mais par un concours de bizarreries inexplicables, non-seulement on ne s'y exerce point, mais, qui pis est, on n'indique et on ne connaît de nos jours aucun moyen de le faire. Ce sont ces moyens que nous avons cherché à exposer dans ce chapitre, et qui doivent en faire le but.

La Mélodie n'est autre chose qu'une suite de sons; mais si ces sons étaient placés au hasard, ils ne formeraient point de sens, c'est-à-dire point de Mélodie; il en est de même des mots qui ne seraient point liés par la syntaxe et dirigés par l'esprit. Ce qui lie les sons ensemble au point de former un sens musical, comme nous l'avons observé en partie dans l'Introduction, c'est, 1.° la gamme; 2.° la mesure; 3.° les différentes valeurs des notes; 4.° les coulés qui lient plus étroitement; 5.° le rhythme; 6.° l'égalité parfaite du timbre; 7.° la période où le sens est plus développé; tout cela dirigé par le sentiment et le goût. Ce qui sépare les idées et les périodes l'une de l'autre ce sont les points de repos ou d'appui; ce sont enfin les différentes cadences. Pour voir comment tous ces objets forment des idées mélodiques et contribuent à les lier ensemble, il ne sera pas superflu d'analyser ici la période suivante: (Voy. C^5, N.° 1.)

1.° Une phrase mélodique ne peut avoir lieu que dans une gamme déterminée; après une telle phrase on peut changer la gamme, et faire la phrase suivante dans un ton relatif. Une gamme a déjà en elle même la propriété de lier les sons qui lui appartiennent, au moins jusqu'à un certain point, sans quoi elle ne serait pas une gamme. Ainsi, lorsqu'on fait ceci. (Voy. C^5, N.° 2), tout le monde sent que ces huit notes sont liées ensemble par la gamme de *la* majeur. Chaque note prise de cette gamme ne peut être

---

(1) Après s'être occupé dès sa jeunesse de la Musique, Haydn a fait ses chefs-d'œuvre entre 50 et 60 ans; de même Handel, qui a passé sa vie à composer, a fait son *Oratorio du Messie,* son chef-d'œuvre, entre 70 et 80 ans.

étrangère à l'oreille, du moment où cette gamme lui a été annoncée. La gamme est donc le premier moyen de la liaison des sons. 2° La mesure n'est pas absolument un moyen direct de lier les sons, parce qu'il est possible de les lier parfaitement bien sans elle, comme dans le récitatif; mais dès qu'on la fait sentir d'une manière déterminée, elle exige qu'on ne fasse pas plus de sons qu'il ne faut pour la compléter; elle influe par-là sur leur durée, et les partage en tems égaux. La mesure divise les sons symétriquement en parties égales. La symétrie dans les beau-arts est un moyen de liaison. 3° Comme les sons peuvent être de différentes durées, ce qu'on distingue par les différentes valeurs des notes, il s'ensuit que dans la distribution de ces différentes valeurs, il doit exister un autre genre de symétrie, parce que c'est par la valeur des notes que les sons peuvent prendre différens caractères, et que les mêmes sons par conséquent peuvent exprimer des choses tout-à-fait contraires, le mouvement vite des sons ayant un caractère opposé au mouvement lent. Mais soit que les sons marchent d'un mouvement vite ou lent, dans les deux cas, il faut encore varier la valeur des sons, sans quoi leur marche devient monotone; et c'est cette variété qu'on ne peut point fixer et déterminer, parce qu'elle est assujettie à des chances sans nombre. C'est encore là où le sentiment, le tact et le goût doivent servir de guides. 4° Les coulés ont une propriété particulière de lier les sons. Ainsi, les deux premières notes de l'exemple indiqué (Voy. C⁵, N°. 1) forment au moyen du coulé une liaison parfaite. Otez-en le coulé, et ces deux notes paraîtront isolées; par exemple, (Voy C⁵, N°. 3). L'emploi et une juste distribution des coulés sont par conséquent fort importans dans un morceau de Musique. C'est par-là que les exécutans péchent à tout moment, en ne les observant que fort arbitrairement, et désunissant ainsi des sons qui étaient parfaitement bien liés par le compositeur. 5°. Le rhythme lie les phrases ensemble, et la période achève un sens complet et enveloppe tous les sons qui la composent. 6°. Une phrase mélodique ne peut être exécutée que par une seule voix ou un seul instrument. Si on la partageait entre trois ou quatre voix de différent timbre, les sons en paraîtraient décousus. Ainsi, il faut l'unité de timbre pour lier les sons de la phrase. Mais différentes phrases peuvent s'exécuter avec différens timbres alternativement.

Voilà tous les moyens pour la liaison des sons et des phrases mélodiques; ce qui constitue la *syntaxe mélodique*. Ainsi, dans l'exemple (Voy. C⁵, N°. 1), où ces six moyens sont employés, les sons en sont liés 1°. par la gamme de *la* majeur bien déterminée; 2°. par la mesure; 3°. par les différentes valeurs des notes analogues entr'elles; 4°. par les coulés; 5°. par le rhythme 6°. par l'unité du timbre, parce qu'il doit être exécuté par une seule voix ou par un seul instrument; et enfin, 7°. par la cadence parfaite qui termine la période.

PREMIÈRE PROPOSITION.

*Qui a pour but de s'exercer à créer des phrases et des périodes.
avec des sons déterminés.*

Pour faire un chant intéressant, il n'est pas toujours nécessaire qu'il soit com_
posé de beaucoup de sons différens: trois, quatre ou cinq notes différentes peuvent sou_
vent suffire à cela. Ainsi, qu'on ne prenne d'abord que trois notes d'une gamme d'une
mesure quelconque, et qu'on cherche à faire avec ces trois notes des phrases mélodi _
ques, en observant le rhythme; par exemple le rhythme de quatre mesures (voy. D^5).
Il faut choisir pour cet effet trois notes qui donnent deux demi-cadences et une cadence
parfaite. Les meilleures notes dans chaque gamme sont les suivantes: (voyez D^5, N^{os}
1 et 2). Dans le N°. 1 , il y a une demi-cadence à faire sur le *si* et sur le *mi*, et
une cadence parfaite sur l'*ut*. Dans le N°. 2 , on a une demi-cadence sur le *si* et
sur le *ré*, avec une cadence parfaite sur l'*ut*. Voici un autre exemple: (voy. E^5,N°.1).
On peut s'exercer de la sorte dans tous les tons, dans toutes les mesures et dans tous
les mouvemens, en exprimant différens caractères. L'air de trois notes de **J.J.**Rousseau
(voyez K^3) peut servir aussi d'exemple. Après cet exercice, on en fait un autre avec
quatre notes différentes. Ces quatre notes peuvent être comme il suit: (E^5, N°. 2),
et donnent la Mélodie (F^5, N°. 1) ou tout autre. Après cela on fait la même chose
avec cinq, puis avec six, etc. notes différentes, sous la direction d'un maître de goût
qui soit en état de diriger un élève dans la Mélodie. Il faut faire d'abord tous ces
exercices sans accompagnement, c'est-à-dire sans Harmonie, pour mieux habituer les
élèves à l'intérêt mélodique, et à ne chercher les moyens d'intéresser qu'avec la
seule Mélodie.

SECONDE PROPOSITION.

*Qui a pour but de créer des phrases et des périodes mélodiques avec un seul
dessin prescrit.*

Ce dessin peut être de deux, trois, quatre, cinq ou six notes de la même valeur,
ou de valeurs différentes. Parmi ces dessins il y en a qu'on peut appeller *Pieds
mélodiques*, parce qu'ils ont une grande analogie avec les *Pieds poétiques*, et
qui sont, comme il suit: (voyez F^5. N°. 2). Ces pieds mélodiques, peuvent être
variés à l'infini, et par les différentes mesures, et par les différentes valeurs des
notes, et enfin par les différentes manières de les broder: ce qui fournit une quan_
tité innombrable de dessins mélodiques. Nous donnerons d'abord ici une table sur
ces différens pieds, qui pourra servir à cette seconde proposition: (voyez G^5, depuis
le N°. 1 jusqu'au N°. 5).

Observations sur cette Table.

Cette Table n'est d'aucune importance en elle-même ; mais lorsqu'on considère , 1°. que tous ces pieds (ou dessins mélodiques) qu'elle contient sont variables à l'infini, et 2°. qu'avec chacune de ces variations un compositeur habile est en état de créer une Mélodie intéressante ; c'est alors que cette Table mérite qu'on l'étudie, et qu'on cherche à la varier de cinquante autres manières différentes, en y changeant souvent les notes des pieds simples. Ce travail deviendra encore plus utile à ceux qui veulent se livrer à la Musique vocale, s'ils le font avec des mots qui ont un de ces cinq pieds.

Revenons à notre seconde proposition. Il s'agit ici de faire des phrases et des périodes mélodiques bien rhythmées avec un seul dessin, ou avec un seul des cinq pieds indiqués (principalement variés), ou avec un dessin proposé, choisi ou donné, comme Haydn a fait dans sa Mélodie (voyez H), avec un seul dessin exposé dans les deux premières mesures de cette Mélodie ; car, c'est encore ici qu'il faut citer Haydn de préférence à tout autre. Prenons d'abord le dessin suivant, (voyez H⁵, N°. 5), qui doit servir à faire la Mélodie suivante : (voyez H⁵ N°. 1). Voici un autre exemple sur le dessin suivant : (voyez H⁵, N°. 6) dont l'air est (H⁵, N°. 2). On peut renverser le dessin comme dans cet exemple ; on peut même l'altérer légèrement et l'abréger, mais non le détruire en le changeant. Voici un troisième exemple, (H⁵ N°. 3) dans lequel le dessin suivant : (voyez H⁵, N°. 7) domine. L'exemple suivant : (voyez H⁵, N°. 4) est fait sur le dessin (voyez H⁵, N°. 8). Enfin, il n'y a pas un dessin un peu chantant (et il en existe une quantité innombrable) qui ne soit susceptible de donner lieu à de pareils phrases, périodes, thèmes ou motifs. Quelle richesse mélodique! Haydn a des milliers de motifs plus heureux les uns que les autres puisés à cette source intarissable. Ainsi, il y a de quoi s'exercer par-là des années entières à créer une quantité de motifs neufs, et de phrases et de périodes intéressantes.

TROISIÈME PROPOSITION ,

Qui a pour but de s'exercer avec les différens rhythmes.

On a vu dans le courant de cet ouvrage de quelle importance est le **rhythme** dans la Mélodie. Ainsi, pour le bien connaître, il faut s'y exercer, c'est-à-dire, faire des phrases et des périodes dans tous les rhythmes possibles. Ces exercices seront , dans tous les mouvemens et dans toutes les mesures ; 1°. sur le rhythme de deux mesures ; 2°. de trois ; 3°. de quatre ; 4°. de cinq. Là il faut employer les moyens de faire d'un rhythme de quatre un rhythme de cinq, comme nous l'avons dit. 5°. de six, divisible en deux ou trois parties égales, 6°. de huit, divisible en deux ou quatre parties égales. Chaque morceau ne sera d'abord composé que d'un seul rhythme. Après ces exercices, on en fera d'autres où l'on réunira deux, puis trois, puis quatre, puis enfin tous ces rhythmes dans un seul morceau de Mélodie. Par ce travail on connaîtra la nature de chacun de ces rhythmes, son caractère, sa force, son originalité, etc. Nous donnerons ici quelques exemples sur cette proposition. (Voy. I⁵, N°. 1, 2, 3, 4, 5, 6). Un exemple excellent sur les mélanges de ces différens rhythmes, est l'air de Paisiello (voy. X⁵.) En s'exerçant avec tous ces rhythmes on s'accoutume en même tems à bien placer les cadences mélodiques sans lesquelles on ne peut sentir si un rhythme est fini ou non ; car ces deux objets sont inséparables. La quantité des cadences dans un morceau est par conséquent égale à la quantité des rhythmes.

QUATRIÈME PROPOSITION,

Qui a pour but de développer un motif (comme nous l'avons indiqué dans le chapitre précédent, page 71) et de faire avec la matière qui en résulte des phrases et des périodes mélodiques bien rhythmées

C'est un double exercice, dont l'un est 1º. de créer des marches mélodiques; 2º. de faire avec un ou deux dessins provenant de ce développement, des périodes régulières. Pour cet objet, on prend un motif connu, ou bien on en invente un. Voici un thème divisé en différens petits et grands dessins, indiqués par des chiffres et des lignes brisées ou pointées: (voy. I⁵, N°. 7). Voilà treize dessins différens que ce motif donne. Après avoir composé avec eux des marches mélodiques, comme nous l'avons indiqué plus haut, on construira avec un ou avec deux de ces mêmes dessins une période ; puis une autre avec un ou deux autres de ces dessins, etc., etc.

Voici dix périodes différentes, provenant de ce thème, qui peuvent servir d'exemple à cette proposition, (voy. K⁵, depuis N°. 1 jusqu'à N°. 10). Ces dix périodes prennent leur source dans un seul motif, et on en trouverait encore bien davantage, si l'on se donnait la peine de les chercher. Elles peuvent s'enchaîner et se suivre de toutes les manières possibles, et donnent autant de morceaux de Musique complets, développés, variés, et d'une unité parfaite, parce qu'elles sont tirées de la même source; nous les réunirons, précédées du thème, dans le morceau suivant: (Voy. L⁵,). Changez l'ordre des périodes de ce morceau, de quelque manière que ce soit, et vous aurez toujours un morceau de la même liaison, du même intérêt et de la même unité: propriété remarquable dans la Musique qui ne peut avoir lieu ni dans la poésie ni dans l'éloquence.

On peut aussi avec cet exercice moduler dans les tons relatifs, ce qui ajouterait à la variété. Ainsi, au lieu de rester dans le ton de *ré* majeur, on aurait pu terminer une de ces périodes en *si* mineur, une autre en *sol* majeur, une troisième en *la* majeur, une quatrième en *mi* mineur, etc.

Cette quatrième proposition se recommande assez d'elle-même par l'évidence et l'utilité dont elle est susceptible, et par le grand parti qu'on en peut tirer. Il est encore à remarquer que ce travail peut s'entreprendre avec presque tous les motifs un peu chantans.

CINQUIÈME PROPOSITION,

Qui a pour but de faire des morceaux mélodiques, en modulant d'abord dans quelques tons et ensuite dans tous les tons relatifs.

On se rappellera ici ce que nous avons dit sur ces modulations dans *l'Introduction*, où nous avons donné deux exemples sous ce rapport. C'est dans ce genre qu'il faut ici s'exercer. Ces modulations doivent se faire sans accompagnement, c'est-à-dire sans harmonie; car, si elles sont bien faites, le chant doit se passer à la rigueur de l'harmonie, et c'est à quoi il faut ici aboutir. On marchera de périodes en périodes, et on terminera dans le ton primitif.

Il y a deux manières de moduler: 1°. Chaque période depuis son commencement jusqu'à sa terminaison reste dans un seul ton, et l'on ne change de ton qu'au commencement de la période suivante, qu'elle garde jusqu'à la nouvelle période; 2°. on commence la période dans un ton et on la termine dans un autre. Dans le premier cas (si on veut employer tous les tons relatifs), les périodes peuvent s'enchaîner de la manière suivante:

<table>
<tr><td>A dans un ton majeur.</td><td>B dans un ton mineur.</td></tr>
<tr><td>Première période en ut majeur.</td><td>Première période en la mineur.</td></tr>
<tr><td>Deuxième période en la mineur.</td><td>Deuxième période en ut majeur.</td></tr>
<tr><td>Troisième période en mi mineur.</td><td>Troisième période en la majeur.</td></tr>
<tr><td>Quatrième période en ut majeur.</td><td>Quatrième période en ré mineur.</td></tr>
<tr><td>Cinquième période en fa majeur.</td><td>Cinquième période en sol majeur.</td></tr>
<tr><td>Sixième période en ré mineur.</td><td>Sixième période en mi mineur.</td></tr>
<tr><td>Septième période en sol majeur.</td><td>Septième période en la mineur.</td></tr>
<tr><td>Huitième période en ut majeur.</td><td></td></tr>
</table>

Dans le second cas qui est plus piquant, plus neuf, plus intéressant et qui exige plus de finesse, on commence une période dans un ton relatif, et on la finit dans un autre ton relatif. Le ton commençant peut être, 1°. celui qui a terminé la période précédente, ou bien, 2°. un autre ton relatif. Si la période a, par exemple, deux phrases (ou deux membres), la première de ces phrases peut faire une demi-cadence ou dans le ton avec lequel elle a commencé, ou dans le ton avec lequel la période doit se terminer; et par conséquent, dans lequel la seconde phrase se fera.

Un troisième moyen de moduler a lieu lorsqu'on emploie les deux cas précédens ensemble, c'est-à-dire, tantôt l'un, tantôt l'autre. Voici un exemple des modulations parement mélodiques dans tous les tons relatifs, (voy. M⁵). Ce morceau étant en *la* majeur, ses tons relatifs sont par conséquent: 1°. *la* majeur; 2°. *si* mineur; 3°. *ut* ♯ mineur; 4°. *ré* majeur; 5°. *mi* majeur; 6°. *la* ♯ mineur.

Il faut observer que *si* mineur et *ut* ♯ mineur ne sont relatifs que par rapport à *la* majeur. De même *ut* ♯ mineur et *ré* majeur, comme *ré* majeur et *mi* majeur ne le sont pas entr'eux. Ainsi, en modulant, on ne peut aller immédiatement, 1°. de *si* mineur en *ut* ♯ mineur; 2°. d'*ut* ♯ mineur en *ré* majeur; 3°. de *ré* majeur en *mi* majeur, sans exposer la Mélodie à des duretés sous ce rapport. Mais on peut faire ces trois modulations en passant par un ton intermédiaire qui les lie d'une manière naturelle. Par exemple: 1°. De *si* mineur par *fa* ♯ mineur en *ut* ♯ mineur, où *si* et *fa* ♯ sont relatifs, et où *fa* ♯ et *ut* ♯ le sont de même. 2°. D'*ut* ♯ mineur par *fa* ♯ mineur, ou par *la* majeur en *ré*, parce que *ut* ♯ et *fa* ♯, *ut* ♯ et *la*, *fa* ♯ et *ré*, *la* et *ré* sont relatifs. 3°. De *ré* majeur par *si* mineur en *mi* majeur, parce que *ré* et *si* sont relatifs, et que de *si* mineur en *mi* majeur on peut moduler très-naturellement (1)

La même remarque a aussi lieu dans les tons mineurs où les six tons relatifs ne sont pas toujours relatifs entr'eux, quoiqu'ils le soient par rapport au ton primitif. Les tons relatifs de *la* mineur sont: 1°. *la* mineur; 2°. *ut* majeur; 3°. *ré* mineur; 4°. *mi* mineur; 5°. *fa* majeur; 6°. *sol* majeur. Mais *ré* mineur et *mi* mineur, *mi* mineur et *la* majeur, *fa* majeur et *sol* majeur, ne sont pas relatifs entr'eux.

Par les mêmes raisons indiquées ci-dessus, il faut moduler dans les tons mineurs: 1°. de *ré* mineur par *la* mineur ou par *sol* majeur en *mi* mineur, parce que *ré* et *la*, *la* et *mi*, *sol* et *mi* sont relatifs, et que de *ré* mineur en *sol* majeur on module naturellement. 2°. De *mi* mineur par *ut* majeur en *fa* majeur, parce que *mi* et *ut*, *ut* et *fa* sont relatifs. 3°. De *fa* majeur par *ré* mineur en *sol* majeur, parce que *fa* et *ré* sont relatifs, et que de *ré* mineur en *sol* majeur, on module naturellement, comme on l'a démontré dans la note précédente.

Ce morceau (M⁵) est en même tems un exemple d'une Mélodie dans la *coupe libre* qu'on pourrait quelquefois employer avec succès, particulièrement au théâtre, où l'on ne saurait trop varier les coupes mélodiques, attendu que les coupes ordinaires s'y épuisent facilement par les répétitions continuelles.

Ces modulations avec les tons relatifs prises mélodiquement, sont les meilleures; toutes les autres ne valent rien, sans le secours de l'harmonie.

---

(1) La raison en est que le ton de *si* est la dominante de *mi*, et quoique le *si* majeur soit plus relatif, il n'en est pas moins vrai, par rapport à cela, que la nature les a liés d'une manière plus intime que les autres tons qui diffèrent de deux accidens. Ainsi, harmoniquement parlant, après l'accord parfait de *si* mineur, l'accord de septième (*si, ré* ♯*, fa* ♯*, la*), que la Mélodie peut faire sentir, on a bien annoncé la gamme de *mi* majeur, particulièrement lorsque le ton primitif, ici *la* majeur, résonne encore dans notre oreille.

SIXIÈME PROPOSITION,

Qui a pour but l'art de s'exercer dans les périodes mélodiques.

Il s'agit ici, 1°. d'accourcir une période; 2°. de l'allonger à volonté; 3°. de les enchaîner entr'elles, et de faire un mélange heureux de périodes longues et cour_tes; 4°. de trouver la seconde période de la coupe ternaire.

— *Accourcir une période,* c'est savoir faire d'une période longue une période plus courte; ce qui souvent a lieu dans la composition pratique. Ainsi, si une période a, par exemple, trois phrases, ou trois membres, c'est de savoir lui ôter avec adresse la deu_xième ou la troisième de ces phrases; si on peut lui ôter la troisième, il faut changer dans ce cas la demi-cadence de la deuxième phrase en cadence parfaite. Si on trouve à propos de supprimer la seconde phrase, il n'y aura pas d'autre changement à faire, parce que la troisième phrase a la cadence parfaite. Dans une période de quatre membres, on en peut supprimer un ou deux. Dans une période de cinq membres, on en peut sup_primer un, deux ou trois, et ainsi de suite. Il ne faut pour cela que savoir changer une demi-cadence en cadence parfaite, ou une cadence parfaite en demi-cadence, ce qui est très-facile. Il faut que dans cette opération le rhythme ne souffre point, et que le choix des phrases supprimées soit bien fait. Le sentiment doit ici en être le guide. Par ces mutations de cadences, on peut aussi de deux périodes n'en faire qu'une seule, si les premières ne sont pas trop longues et s'il y a entre elle une grande liaison de caractère et de gammes: il suffit de supprimer, outre plusieurs membres, celui qui termine la pre_mière période ou bien de changer la cadence parfaite de ce membre en demi-cadence, (voy. N⁵ N°. 1, 2, 5). Si le N°. 1 est un air, le N°. 5 peut lui servir de ritournelle. Cette ritournelle se fait souvent de la sorte, en accourcissant une ou deux périodes de l'air.

Allonger une période, c'est changer la cadence parfaite de sa dernière phrase en une demi-cadence, ou bien en une cadence interrompue, et en y ajoutant une ou plu_sieurs autres phrases, comme nous l'avons montré dans l'exemple (I⁵, Nᵒˢ. 1, 2, 3, 4, 5, 6). On peut de même faire de deux périodes une seule, en changeant la cadence parfaite de la première en une demi-cadence (voy. O⁵ Nᵒˢ 1 et 2). Cependant il faut l'éviter là où il y aurait la monotonie des demi-cadences qui se ressembleraient trop, soit en res_tant longtems dans le même ton, soit en les faisant trop sur les mêmes notes. Il faut que les périodes qu'on veut réunir de la sorte, soit homogènes entr'elles, car les membres des périodes hétérogènes ne pourront jamais se marier ensemble.

Un pareil travail, comme étude, serait même à recommander dans la poésie et l'élo_quence, comme nous nous proposons de le faire voir par la suite.

Cette manière de réunir, ainsi que nous venons de le voir, des périodes musicales, a lieu dans les airs où le sens des paroles ne permet pas de faire plus qu'une seule cadence parfaite, parce que le point en poésie correspond à la cadence parfaite en Musique; sans quoi il y aurait un contre-sens dans l'union des deux arts.

Quant à *l'enchaînement des périodes,* il faut observer que les périodes d'un morceau de Musique doivent avoir l'unité de caractère avec toute la variété possible. On trouve cette variété dans celle de leurs dessins, de leurs sons, et par conséquent dans celle des gammes et des cadences.

Nous avons vu dans la cinquième proposition comment on peut réunir et varier les périodes par des modulations. Ce qui les rend homogènes est l'objet du sentiment, et ne se laisse qu'imparfaitement discuter d'avance. Voyez d'ailleurs ce que nous avons dit sous ce rapport dans le chapitre sur *l'unité* et la *variété,* et dans celui sur le développement d'un thème, et ensuite ce que nous avons observé dans la quatrième proposition. En général, on n'a encore rien publié de satisfaisant sur les périodes musicales, et cependant aucune bonne Musique ne peut s'en passer. Quoiqu'elles existent, on les ignore, ou on les confond avec les dessins, les phrases et les membres mélodiques et harmoniques. De-là vient qu'on n'a jamais fait la remarque importante qu'un long morceau de Musique n'est composé que de longues ou bien de courtes périodes, ou qu'il n'est qu'un heureux mélange des unes et des autres; car, c'est encore par-là qu'on peut obtenir une heureuse variété entre les périodes, comme dans la poésie et l'éloquence. Ainsi, il faut s'exercer à créer de petites, de moyennes et de longues périodes, et à les mélanger de différentes manières symétriques, et à faire un choix parmi elles. D'après cela, on peut faire: 1°. deux périodes courtes, une longue, ensuite deux courtes suivies d'une période longue, etc. ; 2°. une période courte, une moyenne et une longue, ensuite une courte, une moyenne et une longue, etc. ; 3°. trois ou quatre périodes courtes, une longue, encore trois ou quatre périodes courtes suivies d'une longue; 4°. une période courte, une moyenne, encore une courte et une moyenne, et enfin une longue; 5°. une période moyenne, une longue, une moyenne et une longue, quatre courtes; 6°. Un morceau composé uniquement de périodes courtes, puis un autre de périodes moyennes. Il n'est pas à conseiller de faire un morceau avec les seules périodes longues, parce qu'elles fatiguent l'attention comme dans la poésie et l'éloquence.

On peut trouver encore d'autres mélanges de ces trois sortes de périodes. Les petites périodes, principalement dans les mouvemens vites, sont légères. Les périodes longues sont beaucoup plus graves; les périodes moyennes se trouvent placées entre les deux.

Un fort bon exercice c'est de *chercher la seconde période pour la coupe ternaire,* dont on fait beaucoup d'usage. Voyez ce que nous avons dit sur cette période intermédiaire, à propos des exemples (A^4, B^4).

On peut prendre pour cela un thème quelconque; car, comme la troisième période de cette coupe n'est qu'une répétition de la première, pour faire d'un pareil motif un rondeau ou une cavatine, on n'a qu'à lui ajouter une seconde période. Au moyen de cette dernière, on obtiendra de chaque motif une Mélodie de la petite coupe ternaire. En s'exerçant à chercher cette seconde période, on apprend à marier trois périodes ensemble. Il faut éviter que la seconde période ne soit pas trop faible en comparaison de la première, ce qui arrive si fréquemment.

La première période de cette coupe ternaire n'est souvent qu'un moment heureux d'inspiration, mais qui abandonne aussi trop souvent les compositeurs à la seconde. La raison en est que même le plus médiocre musicien peut trouver par hasard un heureux motif, et que ce hasard ne donne pas la seconde période, où il faut observer l'analogie, l'unité, la modulation, trois objets résultant d'un sentiment exercé, d'un tact exquis, et d'un esprit juste. Voilà pourquoi cette seconde période joue trop souvent un si triste rôle.

SEPTIÈME PROPOSITION.

Qui a pour but de varier ou broder une phrase, un motif et une période.

Il ne s'agit pas ici de varier à la manière moderne, où l'Harmonie est plus que la Mélodie, et où l'on ne reconnait presque jamais l'objet qu'on varie.

Il est très-important pour un compositeur de savoir bien varier un chant, et de le varier de manière qu'on en puisse facilement reconnaître les idées originales. Ces espèces de variations sont d'un grand secours et d'une grande utilité dans la composition. Une idée bien variée et placée à propos, gagne un nouvel intérêt, un nouveau charme, pique la curiosité et soutient l'attention. C'est encore en ce point que Haydn excelle dans la Musique instrumentale. Les variations mélodiques se font en changeant la valeur des notes qui expriment les idées à varier; car, le reste, comme la durée des idées, leur mesure, leurs cadences et leurs rhythmes doivent rester intacts.

On varie une Mélodie par les quatre moyens suivans:

1°. Par les petites notes ou notes de goût (*appogiature*), que nous marquerons dans les exemples suivans que nous donnerons à ce sujet, par (⸺); 2°. par les notes moyennes (ou passagères), marquées avec (+); 3°. par les syncopes, marquées par (⸺); 4°. par les anticipations (le contraire de la syncope), marquées par (≡); 5°. En gardant la même quantité de notes, mais en changeant leurs valeurs.

Voici un motif varié d'après ces cinq moyens indiqués, qui peut servir d'exemple (Voy. P^5 depuis le N°.1 jusqu'au N°.13). Le N°.2 et le N°.3 sont variés avec le cinquième moyen; le premier sans pauses, l'autre avec des pauses. Le N°.4 est varié avec le premier moyen (les petites notes). Les petites notes sont ou simples, ou doubles, ou triples, ou quadruples, etc., comme on peut le voir par la table suivante: (Voy. P^5, N°.14). Les petites notes s'écrivent, 1°. avec la valeur non déterminée, ou 2°. avec la valeur déterminée, par exemple (voy. P^5, N°.15). On écrit les petites notes avec des valeurs déterminées, lorsque le compositeur désire qu'elles soient exécutées, comme il les a conçues, c'est-à-dire ni plus vite ni plus lentement, et lorsqu'il craint qu'on ne les exécute pas bien sous ce rapport, s'il les écrivait avec la valeur non déterminée. Les petites notes sont ou descendantes, par exemple (voy. P^5, N°. 16), ou montantes, par exemple (voyez P^5, N°.17). Dans le premier cas, elles se font avec les notes non altérées de la gamme du chant, dans laquelle ce chant se trouve. Dans le second cas, on les altère presque toujours, pour qu'elles fassent un demi-ton avec la note à laquelle elles appartiennent. Quelquefois, et même assez fréquemment, on écrit tout un point d'orgue en petites notes (Voyez P^5, N°. 18).

Revenons sur la quatrième variation (voyez P^5, N°. 5). Cette variation est faite avec le second moyen *(les notes passagères).* Ces notes sont celles qui remplissent les distances entre les notes principales de la Mélodie; elles se font toujours par *dégrès conjoints.* Les sauts se font avec les bonnes notes de la Mélodie (et de l'Harmonie), comme on le peut voir dans cette variation. Il n'y a qu'une exception à ces deux règles, qui est la suivante (voyez P^5, N°. 19). Il faut toujours bien savoir dans quel ton on est pour employer les notes passagères, afin de ne les prendre que dans la gamme où le chant se trouve, principalement quand on les fait en descendant: car, en montant, on les hausse de tems en tems, d'un demi-ton, comme les petites notes, ainsi que dans (P^5, N°. 5). Le N°. 6 est fait avec le troisième moyen (les syncopes), qui retarde les bonnes notes de la Mélodie. Le N°. 7 est varié avec le quatrième moyen (l'anticipation), qui anticipe les bonnes notes de la Mélodie.

Chacune de ces six variations n'est faite qu'avec un seul de ces cinq moyens; mais on peut aussi réunir dans une seule variation deux, trois, quatre et même les cinq moyens à la fois, comme on peut le voir dans (P^5, N°. 8 et N°. 9).

Le N°. 10 est une manière chromatique de varier (par demi-tons), dont il faut faire peu d'usage, parce qu'elle déguise trop le motif, et peut faire perdre facilement son caractère. Le N°. 11 est varié par des triolets (ou doubles triolets), le N°. 12 par des triples croches, et le N°. 13 par la combinaison des différentes valeurs des notes à-la-fois. Les quatre derniers exemples ne doivent s'employer que dans une suite nombreuse de variations, parce qu'ils défigurent trop le motif.

Nous n'avons donné ici l'exemple que de douze variations de ce motif; mais en cherchant, on en trouverait plus de cinquante autres. Quand on réfléchit que chaque phrase, chaque motif et chaque période même, est susceptible d'un pareil nombre de variations, on est surpris de la richesse prodigieuse et des ressources immenses qu'on y trouve; et on est encore plus embarrassé d'employer seulement la millième partie de ce trésor, où Haydn a si heureusement puisé. Il est donc bien important de parvenir à s'en rendre maître, autant que possible; on en sera amplement récompensé. Il est vrai que pour le faire avec plus de succès, il faut savoir à-peu-près sur quels accords le thème, et par conséquent ses variations, peuvent marcher; mais comme il ne s'agit ici que d'une Harmonie extrêmement simple, que tout le monde, tant soit peu musicien, a, pour ainsi dire, dans l'oreille, cette connaissance harmonique est si peu de chose, qu'elle mérite à peine qu'on en fasse mention; seulement dans les variations telles que les quatre dernières, elle devient un peu plus nécessaire.

Nous ajouterons ici la basse suivante (voyez Q^5), qui est une des plus simples, parce qu'elle ne roule que sur trois accords: elle peut servir d'accompagnement au thème (voyez P^5, N°. 1), et à toutes ses douze variations.

Les élèves qui veulent se livrer à la composition instrumentale, doivent s'exercer particulièrement dans l'usage de cette septième proposition.

Les chanteurs et les instrumentistes qui veulent broder, et qui se piquent de savoir broder, devraient de même s'en occuper sérieusement (après avoir acquis seulement les premières connaissances de l'Harmonie, ce qui est peu de chose), afin de savoir ce qu'ils font, ce qu'ils peuvent faire et ce qu'ils doivent éviter; ce qui revient à ce que le célèbre Sébastien Bach prescrivait pour être un bon organiste: « *Il faut*, disait-il, *poser le « vrai doigt sur la vraie touche, au tems vrai.* »

HUITIÈME PROPOSITION,

Qui a pour but de dialoguer la Mélodie.

Dialoguer la Mélodie veut dire en distribuer les phrases et les membres, les idées, les périodes entre deux ou plusieurs voix ou instrumens, ou bien entre un instrument et une voix. En s'exerçant sous ce rapport, on fait d'abord une suite de périodes bien enchaînées, en observant ce que nous allons prescrire.

Il n'y a que les quatre manières suivantes de dialoguer une Mélodie: 1°. les périodes entières s'exécutent alternativement; 2°. en distribuant les phrases, ou membres de périodes, entre les différentes voix qui doivent exécuter la Mélodie; 3°. on dialogue par dessins, c'est-à-dire par de petites imitations; 4°. on commence une phrase par une voix, et on l'achève par une autre. Le premier cas ou l'on donne une période à une partie, et une autre période à la seconde, etc. , est le plus facile; seulement il faut observer de ne faire que des périodes courtes, sans quoi le dialogue pourrait languir. Sous tous les autres rapports, les périodes suivent les mêmes principes que si elles étaient faites pour une seule voix.

Le dialogue de phrase en phrase est plus chaud et plus intéressant. Il faut marcher ici sous le rapport du rhythme de la manière suivante:

Une partie exécutante.	*Autre partie exécutante.*
Première phrase de 4 mesures ;	Deuxième phrase de 4 mesures ;
Troisième phrase de 4 mesures ;	Quatrième phrase de 4 mesures ;
Cinquième phrase de 3 mesures ;	Sixième phrase de 3 mesures ;
Septième phrase de 8 mesures, etc.	Huitième phrase de 8 mesures, etc.

Il faut répéter le même rhythme alternativement, pour adapter par-là, pour ainsi dire, les réponses aux questions. La supposition peut avoir ici souvent lieu, c'est-à-dire que la phrase d'une partie peut commencer dans la même mesure et sous la note finale de la phrase précédente, avec laquelle mesure cette phrase termine son chant: dans ce cas, on compte cette note pour deux. Il arrive que la note finale d'une phrase frappe immédiatement sur la note initiale de la phrase suivante. Ces deux notes doivent faire ensemble un de ces intervalles harmoniques: (Voyez Q^5, N°. 1). Mais ces intervalles peuvent avoir de petites notes, soit en montant, soit en descendant, par exemple (voy. Q⁵, Nᵒ 2). Cependant la quinte, l'octave et l'unisson en sont moins susceptibles. La fausse quinte et la quarte augmentée, comme aussi la septième mineure et la septième diminuée, par exemple (voyez Q⁵, Nᵒ. 3), peuvent de même s'employer de tems en tems dans un duo, où tous les autres *intervalles* sont d'un mauvais effet.

Nous appellerons la phrase avec laquelle une partie commence, phrase *commençante*, et celle qui la suit et s'exécute par une autre partie, phrase *répondante*. Ainsi, il y a dans un *duo* plusieurs phrases *commençantes*, et plusieurs phrases *répondantes*. Les premières indiquent le rhythme que les secondes doivent suivre. La phrase *répondante* peut être, 1ᵒ. une simple répétition de la phrase *commençante*, et par conséquent la même; mais on peut la varier dans ce cas; ou bien, 2ᵒ. une toute autre phrase qui n'a rien de commun avec la *commençante* que le rhythme. Dans ce second cas, *les phrases répondantes* peuvent être quelquefois d'un tout autre caractère, et même dans un autre mouvement que leurs phrases *commençantes*, et peuvent aussi contraster avec elles. Après ces remarques, voyez les exemples suivans: (R⁵, Nᵒ. 1, 2, 3 et 4). Dans le Nᵒ. 1 les phrases *répondantes* sont du même caractère que leurs phrases *commençantes*, et la supposition n'y est point employée. Les diapasons de toutes ces phrases sont absolument arbitraires. Ils pourraient être tantôt d'une octave plus haut, tantôt d'une octave plus bas, que cela ne changerait rien ni à la nature, ni à l'intérêt, ni au charme de ces phrases. On voit ici en même tems que chaque phrase est dans un ton déterminé, et qu'on ne module que par phrases, ce qu'il faut observer. Dans le numéro 2, les phrases se succèdent par supposition, ce qui peut contribuer beaucoup à la chaleur, dans certaines occasions. Les diapasons des phrases sont encore ici arbitraires. Dans le numéro 3, toutes les phrases *répondantes* ne sont que des répétitions variées de leurs phrases *commençantes*. Ces répétitions pourraient aussi avoir lieu sans être variées; mais dans le premier cas, elles deviennent plus piquantes. Cependant, il faut que ces répétitions soient faites de la sorte, afin de bien reconnaître en elles leurs phrases *commençantes*. Dans le numéro 4, toutes les phrases *répondantes* sont dans un caractère opposé à celui des phrases *commençantes*: c'est un contraste continuel. Il ne serait pas naturel de faire exécuter cette Mélodie par une seule voix, parce qu'une seule personne ne tombe pas à chaque instant de la gaîté dans l'emportement, et *vice versà*; mais deux personnes de différent caractère ou de différent sentiment, peuvent parfaitement bien se questionner et se répondre de la sorte, et mettre une forte opposition entre ce qu'elles ont à chanter. Une Mélodie dialoguée de la sorte peut devenir très-piquante, paraître fort naturelle et produire beaucoup d'effet, si elle est bien faite, et surtout bien placée. C'est particulièrement dans la Musique dramatique qu'on en pourrait faire un usage heureux; et je suis étonné de n'y point connaître un *duo* dialogué entièrement de la sorte.

Le rhythme dans ce 4ᵉ. exemple, quoiqu'il marche de quatre en quatre, n'est cependant point égal, parce que les quatre mesures de l'*allegro* (quoique ces mesures en soient plus longues) ne remplissent qu'à-peu-près la moitié du tems de quatre mesures de

l'*andante*; et deux mesures de (C) ne font ici qu'a-peu-près une mesure de $\frac{2}{4}$. Ainsi le
le rhythme marche de $4-2-4-2-4-2$, etc. Le changement continuel de majeur
en mineur et de mineur en majeur du même ton, comme on le voit dans cet exemple, ne
peut avoir lieu que pour exprimer un contraste pareil, et serait fort déplacé par-tout
ailleurs.

Dialoguer par dessins, ou par imitations, c'est, comme on peut le voir dans l'exemple
suivant: (S⁵), où l'on imite par de petits dessins, ou par de petits rhythmes, et où le
rhythme de deux parties exécutantes s'entrelace au moyen de la supposition. En supprimant les petites phrases *répondantes*, il reste une Mélodie d'un rhythme fort régulier, par
exemple (voyez T⁵). C'est ce qu'il faut observer, autant que possible, dans une bonne
Mélodie. Là où deux notes frappent ensemble, il faut qu'elles fassent un des intervalles
indiqués ci-dessus.

La quatrième manière de dialoguer où l'on commence une phrase dans une partie et
où on la termine avec l'autre, ne peut s'employer avec quelque succès que dans la Musique
dramatique, lorsque les paroles l'exigent impérieusement; quoiqu'alors il puisse y avoir
quelque chose de piquant d'un côté, il n'est pas moins vrai que de l'autre, l'intérêt de la
véritable Mélodie en souffre, parce qu'on ne peut convenablement exécuter une phrase
avec deux timbres différens. Voici un exemple de cette manière de dialoguer: (voyez
U⁵, Nᵒ. 1).

Ce que nous avons dit ici sur le dialogue de la Mélodie n'est pas seulement applicable
au *duo*, mais aussi au *trio*, au *quatuor*, et enfin à tout morceau de musique où l'on promène les phrases mélodiques dans les différentes parties qui doivent les exécuter. Il est
très-facile de faire d'une Mélodie quelconque un *duo* ou un *trio* dialogués.

NEUVIÈME PROPOSITION.

Qui a pour but l'exercice des coupes mélodiques.

On se rappellera ce que nous avons dit plus haut sur les *cadres*, *coupes* ou *dimensi-*
ons de la Mélodie. L'intérêt d'une bonne Mélodie quelconque exige qu'on la mette dans
un certain cadre; par conséquent il est important de connaître ces coupes et de s'y exercer.
Il faut donc faire des Mélodies, 1º. dans la petite coupe binaire, 2º. dans la petite coupe
ternaire, 3º. dans la grande coupe binaire simple et double, 4º. dans la grande coupe ternaire, 5º. dans la coupe libre, 6º. dans la petite et la grande coupe variée, 7º. dans la coupe de retour, 8º. dans la coupe simple, c'est-à-dire, où toute la Mélodie n'a qu'une période dévelopée, comme dans l'exemple de Sacchini: (Voy. M⁵).

Au moyen de ces neuf propositions (1), et de tout ce que nous avons dit dans le cou-

---

(1) Ou bien au moyen de dix, en ajoutant celle que nous avons proposée dans la deuxième note, page 10, et qui
est de faire des Mélodies sur différens mouvemens symétriques, donnés et indiqués seulement par une note, à l'instar
de l'exemple (A)

rant de l'ouvrage, un élève, s'il a **quelques** dispositions, doit faire nécessairement des pro‑
grès dans la Mélodie. Ce qui est remarquable, c'est que tout ce que nous avons dit
jusqu'ici sur cette matière, n'exige pas des connaissances ultérieures dans l'Harmonie;
et c'est par-là que tout élève en Musique peut et doit commencer. L'Harmonie ne de‑
vrait être enseignée qu'après cette étude de la Mélodie, d'autant plus que la Mélodie
indique presque toujours son Harmonie, tandis que la connaissance seule de l'Harmonie
peut nuire souvent à l'intérêt de la Mélodie, par l'abus qu'on en peut faire. En effet,
l'Harmonie considérée par rapport à la Mélodie, est toute autre chose que l'Harmonie
considérée indépendamment de la Mélodie; remarque importante, qu'on aurait dû faire
et répéter il y a long-tems.

Toutes nos écoles qui n'enseignent que l'Harmonie sont par cela même très-bornées;
et au lieu d'enseigner trois branches aussi importantes l'une que l'autre et qui sont 1°. la
Mélodie, 2°. l'Harmonie, 3°. l'Harmonie comme soutien de la Mélodie, ou le mariage
intime de l'une et de l'autre; au lieu de tout cela, on n'enseigne qu'un seul de ces trois
objets, qui n'est, comme tout le monde le sait, que l'Harmonie. De-là résulte ce qui
suit: 1°. Que les dispositions naturelles pour la Mélodie, non-seulement ne sont pas exer‑
cées et développées par l'étude, mais encore sont souvent étouffées, en ne s'occupant
que de l'Harmonie isolée. 2°. Que nous ne connaissons pas encore les véritables principes
pour accompagner une Mélodie prédominante par l'Harmonie; et que, si nous rencontrons
par hasard une idée mélodique heureuse, souvent nous l'embrouillons par l'Harmonie,
ou bien nous l'étouffons par l'accompagnement (1). 3°. Que des compositeurs qui ne
se sont occupés spécialement que de la Mélodie, y ont excellé (comme Paisiello et
Cimarosa), sans être de grands harmonistes: ce qui a de nos jours donné lieu au pré‑
jugé funeste (dont l'ignorance s'empare si avidement), qu'il ne faut pas étudier et

---

(1) Ce qu'on doit appeller la *clarté* en Musique est fort difficile à acquérir, et rien n'est plus facile dans cet art que
d'y être confus. En poésie et en Éloquence, lorsqu'on a conçu des idées franches et nettes il faudrait peu connaître
la langue pour ne pas les rendre avec clarté; car, comme l'a dit le Législateur du Parnasse français.

Ce que l'on conçoit bien s'énonce clairement,
Et les mots, pour le dire, arrivent aisément.

En Musique, c'est bien différent: le compositeur peut concevoir ses idées mélodiques clairement; et elles peuvent pa‑
raître fort confuses, s'il n'observe pas rigoureusement en les réalisant les autres conditions indispensables, pour obtenir
et entretenir la clarté, conditions dont nous indiquerons une partie dans le *supplément*. Ce n'est pas seulement la *pu‑
reté*, mais en même tems et spécialement la *clarté* qu'on doit recommander et prescrire aux élèves. Ce qui n'est pas clair
en Musique, comme en Poésie et en Éloquence est mal conçu et mal écrit, malgré toute la pureté possible. C'est encore sur
cet objet comme sur beaucoup d'autres que la Musique a besoin d'un traité particulier, car, on ne sait pas encore évidemment
en quoi consiste la clarté musicale, et ce qu'il faut éviter, pour ne pas embrouiller ses idées. Les ouvrages sur la composition
ne parlent que de la pureté et non de la clarté musicale, ce qui est bien différent; attendu qu'on peut écrire purement sans écri‑
re clairement, et *vice versâ*.

approfondir la nature et les effets de l'Harmonie, et que tout ce qui fait plaisir dans la composition, n'est que l'effet pur du hasard ou d'un génie inculte. 4°. Que beaucoup d'habiles harmonistes n'ont point excellé dans la Mélodie, et n'ont obtenu que peu ou point de succès en public; ce qui a encore contribué au préjugé dont nous venions de parler. 5°. Que des trois nations européennes qui ont le plus de prétentions en musique, il y en a une qui a d'abord excellé dans l'Harmonie sans exceller dans la Mélodie, a ensuite brillé dans la Mélodie mais aux dépens de l'Harmonie et tourne maintenant dans un cercle fort étroit. La seconde excelle principalement dans l'Harmonie, mais trop souvent aux dépens de la Mélodie. La troisième est encore en chemin pour briller dans la véritable Mélodie, et pour exceller dans la véritable Harmonie. 6°. Qu'on ne sait point apprécier les difficultés de la Mélodie et qu'on n'apprécie que celles de l'Harmonie. 7°. Qu'on confond presque tous les genres de musique. 8°. Que des talens qui se sont occupés sérieusement de la Mélodie et de l'Harmonie, se sont aussi distingués dans l'une et dans l'autre, comme Hændel, Jomelli, Haydn et Mozart. Voilà les véritables grands maîtres en musique: ce sont eux qui ont produit le plus de sensations, et qui jouissent de la célébrité la plus haute et en même tems la plus durable.

Ainsi, il faut établir la balance si importante entre l'étude de la Mélodie et celle de l'Harmonie (1). Il faut étudier et enseigner l'une et l'autre; sans quoi, nos écoles resteront aussi insuffisantes qu'elles l'ont toujours été, et leurs élèves resteront toujours médiocres, parce que le véritable but de l'art sera manqué.

Les concours en fait de composition devraient se faire non-seulement sous le rapport de l'Harmonie, mais en même tems encore sous le rapport de la Mélodie. L'élève sera tenu de composer une cantate entière qui n'intéresse que par la Mélodie, et qui par conséquent ne sera accompagnée que par une basse simple ou continue; car, si on lui permet de se servir de tout l'attirail de nos orchestres, la plus grande partie de ses ressources sera puisée dans l'Harmonie; et c'est lui tendre un piège dans lequel il tombera bon gré mal gré. Après avoir bien satisfait ses juges sous le rapport de la Mélodie, qu'on le fasse ensuite concourir pour le prix de l'Harmonie, qui ne devrait pas être confondu avec celui de la Mélodie: car, on peut mériter l'un sans mériter l'autre. Par cette raison nous jugeons à propos de présenter le programme qu'on va lire.

---

(1) Le préjugé qui a régné jusqu'à présent, qu'on ne pouvait rien dire d'instructif sur la Mélodie, est donc combattu, non-seulement par ce *Traité*, mais encore par le *Traité du Sublime* de Longin, où cet habile critique analyse le sublime, qui était la chose du monde la plus difficile à analyser, et dont il nous manque encore la véritable définition; car il n'y en a pas d'autre que celle-ci: *le sublime est le sublime.*

PROJET D'UN PROGRAMME
POUR UN CONCOURS DE COMPOSITION.

La composition musicale est un art fort difficile, même lorsque la nature nous a accordé du génie. Un élève qui aspire au titre de compositeur, ne devrait concourir qu'après huit ans d'un travail sérieux et assidu, parce que ce n'est qu'après ce laps de tems qu'il commence à se rendre compte de ce qu'il fait, en supposant même qu'il ait été bien guidé (1). Après un pareil nombre d'années d'expériences, de méditations et d'observations sur les effets de ses propres productions, il peut acquérir des droits à l'honneur de concourir. Pour un tel élève on est en droit d'exiger le programme suivant :

1°. Un morceau dans le véritable style d'église, c'est-à-dire, dans celui de Palestrina, sans orchestre et seulement pour les voix, à quatre, cinq ou six parties. Il sera jugé sous le rapport de ce style. 2°. Une cantate à une ou deux voix, accompagnée seulement d'une basse continue. Cette production sera jugée uniquement sous le rapport de la Mélodie, ou sous celui de bien accompagner par l'Harmonie une Mélodie prédominante. 3°. Une scène tragique ou bien une scène comique, selon les dispositions de l'élève : elle ne sera jugée que dramatiquement. 4°. Un *quatuor* dans le genre de Haydn, c'est-à-dire un morceau pour lequel on tire la matière de deux ou trois idées tout au plus, et dans lequel chaque partie doit être obligée et non partie de remplissage. On le jugera sous le rapport de l'unité, et sous celui de la pureté de l'harmonie à quatre, qui est la base de toutes les autres. 5°. Une symphonie, ou une ouverture à grand orchestre. On en donnera le thème aux élèves, lequel sera choisi de manière qu'il se prête facilement à un développement suffisant. Ce morceau sera jugé ainsi qu'il suit : (1°.) Comment l'élève sait manier son orchestre, employer à-propos tous les instrumens et éviter la confusion ; (2°.) quel parti il sait tirer d'un motif lorsqu'il se prête aux développemens.

Il est évident qu'un élève qui a satisfait ses juges sous ces cinq conditions, au moins jusqu'à un certain point, doit bien connaître l'harmonie, le contre-point double (au moins celui à l'octave qui est le plus utile), et savoir faire une fugue ; car, comment

---

(1) Du tems de Palestrina, d'Allegri, de Corelli et de Scarlatti, on ne reconnaissait pour compositeur que celui qui pouvait prouver au bout de sept ou huit années, par des témoignages authentiques, qu'il devait ses connaissances à une excellente école. Aujourd'hui c'est bien différent ! On accorde le titre de compositeurs à tous ceux qui ont obtenu quelque succès avec des opéras qui, le plus souvent, ne sont que des *témoignages authentiques* de leur ignorance. Voilà une des causes principales qui font que tant d'opéras n'ont qu'un moment de vogue, et rentrent avec justice dans le néant d'où ils sont sortis.

pourrait-il sans cela se tirer d'affaire, pour réaliser la première, la quatrième et la cinquième conditions de ce programme? Il ne pourrait jamais avoir la hardiesse de l'entreprendre. Ainsi, on peut le dispenser de toute autre épreuve, d'autant plus qu'un *concours d'Harmonie*, n'est pas un *concours de composition*, et qu'on peut faire assez passablement de l'Harmonie, du contre-point double, triple et quadruple à l'octave, celui à la dixième et à la douzième, et enfin même passablement la fugue, sans mériter le titre de compositeur. L'étude de la véritable composition ne commence qu'après celle de la fugue, c'est-à-dire là où toutes nos écoles la finissent. Car tout ce qu'on apprend jusqu'à la fugue n'est en quelque sorte qu'un préliminaire qui doit précéder l'étude de la composition.

DERNIÈRES REMARQUES SUR LE RHYTHME.

Pour ne point s'égarer dans les recherches sur le rhythme, il faut constamment partir du principe que le *rhythme mesure la durée des phrases et des idées musicales*, et exige qu'elles soient symétriquement distribuées. Ce rhythme est par conséquent comparable aux belles proportions de l'architecture. Ainsi, lorsqu'on dit qu'une idée en musique est *coupée trop court*, ou qu'elle est trop allongée, ou bien qu'elle est boiteuse, on ne dit autre chose sinon qu'elle pèche par le rhythme, c'est-à-dire que le rhythme en est trop court ou trop long. Le rhythme est donc *la symétrie musicale*. Cette symétrie est susceptible d'une grande variété. C'est cette variété qu'il est important de connaître, particulièrement par rapport à la Mélodie. Les phrases mélodiques peuvent se succéder non-seulement de 2 mesures en 2 mesures, de 3 mesures en 3 mesures, de 4 mesures en 4 mesures, de 5 mesures en 5 mesures, de 6 mesures en 6 mesures, de 8 mesures en 8 mesures, mais encore.

De 2 — 2 — 3 — 3 — 4 — 4

De 2 — 2 — 4 — 4

De 3 — 3 — 4 — 4

De 4 — 4 — 3 — 3 — 4

De 4 — 4 — 6

De 8 — 4 — 3 — 3 — 4

De 3 — 3 — 4 — 4 — 6 — 6

De 6 — 6 — 3 — 3 — 8

De 6 — 4 — 6 — 4

De 3 — 3 — 3 — 3 — 4 — 4, etc., etc.

Les combinaisons suivantes peuvent aussi s'essayer avec succès; on n'en a presque point encore fait usage, faute de recherches sur la Mélodie, et elles deviendraient par-là pour celle-ci une nouvelle ressource.

3 — 4 — 3 — 4 — 3 — 4

où les *compagnons* s'entrelacent (Voyez U^5, N°. 2), et où il y a une symétrie qu'on pourrait rendre oculaire à-peu-près de la sorte :

```
      1        2        3
      _        _        _
  1        2        3        4
  _        _        _        _
      1        2        3
      _        _        _
  1        2        3        4
  _        _        _        _
      1        2        3
      _        _        _
  1        2        3        4
  _        _        _        _
```

De même : 2 — 3 — 2 — 3 — 2 — 3, qui donnent la symétrie suivante :

```
      1        2
      _        _
  1        2        3
  _        _        _
      1        2
      _        _
  1        2        3
  _        _        _
      1        2
      _        _
  1        2        3
  _        _        _
```

De même encore :

```
3 — 4 — 5 — 4 — 5 — 4
6 — 5 — 6 — 3 — 6 — 3
5 — 6 — 5 — 6 — 5 — 6
4 — 3 — 4 — 5 — 4 — 3
6 — 5 — 6 — 5 — 6 — 5
4 — 5 — 4 — 5 — 4 — 5
3 — 2 — 3 — 2 — 3 — 2
3 — 5 — 3 — 5 — 5 — 5 ,   etc.
```

Le rhythme de 7 (que nous n'avons pu adopter avant ces nouvelles remarques et ces nouvelles combinaisons rhythmiques) pourrait avoir lieu avec les conditions suivantes : 1°. Qu'il soit parfaitement bien divisible en deux parties de la sorte : 3 — 4 ou 4 — 3 ; c'est-à-dire, que la Mélodie fasse sentir un repos, soit dans la troisième ou quatrième mesure, lequel repos puisse remplacer une demi-cadence. 2°. Qu'il ait un *compagnon* absolument égal, qui le suive *immédiatement*, c'est-à-dire que si le rhythme de 7 est divisible de 3 — 4, le rhythme suivant doit l'être pareillement ; et s'il l'est de 4 — 3, le suivant aussi doit être de 4 — 3. Dans les deux cas, on aura la symétrie suivante :

```
      1       2      5    |      1      2      5      4
  1       2      3      4  |      1      2      3
      1       2      3     |  1       2      5      4
  1       2      3      4  |      1      2      3
                       et
```

Voici un exemple pour le premier de ces deux cas (Voyez U^5, N°.3) .

Avec de pareilles conditions, on obtiendra aussi , 1°. un rhythme répété de neuf mesures , divisible de 4 — 5 ou de 5 — 4, dont la symétrie sera.

```
      1      2      3      4   |      1      2      5      4      5
  1      2      3      4      5 |      1      2      3      4
                            et
      1      2      3      4    |  1      2      3      4      5
  1      2      5      4      5 |      1      2      3      4
```

2°. Un rhythme répété de dix mesures , divisible de 5 — 5 ou de 6 — 4, ou de 4 — 6; 3°. un rhythme répété de onze mesures , divisible de 5 — 6 ou de 6 — 5 ; 4°. un rhythme répété de douze mesures , divisible de 6 — 6 , ou de 8 — 4 , ou de 4 — 8 , ou de 4 — 4 — 4 , ou de 2 — 2 — 4 — 4 .

Les recherches qu'on a faites sur l'Harmonie depuis des siècles nous ont tellement écarté de tout ce qui touche spécialement la Mélodie , que nous avons perdu jusqu'à la trace de l'art mélodique . De-là vient que la plus grande partie de nos Mélodies ne marche que dans le rhythme de 4 en 4, et qu'à peine on en sait créer d'intéressantes dans d'autres rhythmes . De-là vient encore que la plus grande partie des phrases chantantes dans le rhythme de 4, se trouve usée, et qu'on a de la peine, même avec du génie, à trouver des chants neufs dans ce rhythme . Ce ne sera que dans de nouvelles combinaisons rhythmiques et symétriques , et dans le genre précédemment indiqué , qu'on trouvera des chants plus frais et moins connus (1); mais pour cela, il faut consacrer une partie de son tems à cette étude s'y exercer; s'y perfectionner et s'y fortifier. Il faut de même accoutumer le public et le familiariser avec ces nouvelles formes symétriques ; mais par des chants simples et francs. Il s'y prêtera d'autant plus facilement, qu'il nous reproche de lui donner peu de Mélodie , et qu'il trouve souvent usée celle que nous lui offrons.

Il y a des rhythmes qui, pris séparément, sont boiteux et non symétriques, comme

---

1 Il me paraît que les ballets pourraient tirer de même un parti fort avantageux de ces différentes combinaisons rhythmiques . Au lieu de borner la Mélodie à un rhythme de 4 en 4, et sans discontinuer, ils pourraient jouir par-là de ces nouvelles combinaisons. Ce serait des essais à faire que personne ne pourrait mieux réaliser que M. Gardel, s'il avait affaire à un compositeur habile et en même tems capable d'ouvrir d'autres routes en ce genre.

les rhythmes de 3, 5, 7, 9, 11 et 15 mesures; mais la répétition immédiate d'un pareil rhythme rétablit la symétrie, ou une juste balance entre les phrases de ces deux rhythmes égaux. Il ne faut donc pas considérer un rhythme pris séparément, mais considérer les rhythmes pris entr'eux; car, dans le premier cas, chaque rhythme est bon; dans le second, ils peuvent devenir tous mauvais, selon que le compositeur en usera.

Le rhythme musical, comme nous l'avons exposé dans le courant de cet ouvrage, est une découverte de nos jours, et qui n'a rien de commun avec le rhythme des anciens. Les Grecs et les Latins appellaient rhythme, comme tout le monde sait, un mélange symétrique de syllabes longues et brèves, d'où provenaient dans leurs vers les pieds alcaïques, trochaïques, ïambiques, etc. Comme la Musique pouvait fidellement imiter ces rhythmes par des sons, on avait de même appellé *rhythmes* certains dessins mélodiques qui exprimaient cette symétrie syllabiques. Ainsi, on disait, que telle Musique avait un mouvement dactylique, trochaïque ou ïambique, etc. C'est dans cette dernière acception que la plupart des auteurs ont pris, même de nos jours le mot rhythme, en parlant de la Musique. Le véritable rhythme musical est donc bien différent du rhythme des anciens: ce dernier ne mesure que des syllabes, tandis que l'autre mesure des idées. Si les Grecs avaient connu cette importante symétrie des idées, il est à présumer qu'ils en auraient fait un cas particulier, en l'appliquant à la poésie et même à l'éloquence: car, si ces deux arts mesuraient leurs phrases, à l'exemple de nos belles Mélodies, il paraît évident qu'ils acquéreraient par-là un nouveau dégré de perfection, et trouveraient un moyen plus sûr de charmer l'oreille. Voilà donc une matière qui peut fournir des traités neufs et instructifs. La prose ainsi rhythmée pourrait équivaloir à la versification Il serait important d'examiner si la Mélodie si vantée du stile d'Isocrate ne provenait point de cette mesure symétrique des idées. Peut-être que cette dernière est aussi pour quelque chose dans les morceaux les plus estimés des poëtes et des orateurs modernes; mesure symétrique qu'un heureux hasard, secondé par le sentiment, et une oreille délicate, leur a fait rencontrer. En imitant strictement nos belles Mélodies par des phrases poëtiques, de manière à les rendre aussi rhythmées que celles de ces Mélodies, ne pourrait-on pas sur cette route parvenir à tracer les premières lignes de l'emploi de ce rhythme, aussi important dans la poésie que dans l'éloquence?

SUPPLÉMENT

DE L'ART D'ACCOMPAGNER LA MÉLODIE PAR L'HARMONIE,

LORSQUE LA PREMIÈRE EST PRÉDOMINANTE.

On a long-tems discuté sur la prééminence de l'Harmonie et de la Mélodie, et *vice versâ*. Cette grande question n'est pas encore résolue. La raison en est qu'on n'a pas encore fait une distinction juste de ces deux objets. L'Harmonie et la Mélodie sont très-différentes l'une de l'autre. Il faut donc donner à chacune ce qui lui appartient, et ne pas les confondre. Par l'Harmonie seule on peut nous intéresser, selon qu'elle est faite, conçue et sentie de la part du compositeur, et selon qu'elle est exécutée. Elle a ses cadences, ses phrases, ses idées, peut avoir son rhythme, ses périodes et ses coupes, tout cela indépendamment de la Mélodie. Elle peut produire par elle-même des émotions de tout genre, et peut par conséquent, atteindre le but d'un bel art, abstraction faite de la Mélodie (1) La Musique a donc deux moyens différens de nous intéresser. Il est vrai, que ce n'est pas avec la même généralité, mais toujours avec la même puissance, tandis que les autres arts n'ont qu'un seul moyen. Et même la Musique a un troisième moyen qui est le mariage intime de l'Harmonie et de la Mélodie (2). On peut dire aussi en faveur de l'Harmonie qu'elle

---

(1) Les noms de nos plus célèbres compositeurs demeureraient sans gloire, et seraient tout-à-fait ignorés peut-être, sans la découverte si importante de l'Harmonie, parce que sans elle la Musique n'aurait que des moyens trop faibles pour se faire valoir et rivaliser avec les autres beaux-arts. La Mélodie même serait restée pareillement sans elle dans des bornes trop étroites. C'est ce que nous prouve la Psalmodie (appelée jadis Mélodie) antérieure à l'époque de cette découverte. J.J. Rousseau, et après lui l'espagnol Eximeno, déraisonnent complètement, lorsquils s'évertuent à nous prouver que l'Harmonie n'est qu'une invention gothique. J.J. se piquait de composer de la Musique, et tout ce qu'il à fait dans cet art, n'est fait qu'avec le secours de l'Harmonie, et fort souvent quelle Harmonie ! De tout ce qui l'avait jadis si vivement transporté et si fortement électrisé en fait de Musique, l'Harmonie en était-elle exclue ? Quels sont les chefs-d'œuvre de cet art où l'Harmonie n'entre pour rien ?

Si un compositeur voulait peindre quelque chose vraiment gothique, il ne pourrait s'y prendre mieux qu'en faisant marcher à l'unisson toutes les voix et tous les instrumens dans tout un morceau de Musique. Certes, cela ne contraste-t-il pas d'une manière frappante avec l'opinion *gothique* d'Eximeno ? On a négligé l'art mélodique depuis qu'on ne s'occupe que d'Harmonie, mais cela n'a pas empêché de créer les Mélodies les plus suaves, les plus ingénieuses, et les plus parfaites, depuis cette époque, et il n'est que trop vrai que l'Harmonie a puissamment contribué à cette perfection mélodique. Si des musiciens ignorans, sans génie, sans talent, abusent de l'Harmonie, et la rendent fort souvent barbare, il ne faut point en accuser l'Harmonie. Si l'Harmonie de nos jours nuit à la Mélodie, prédomine trop sur elle, la tourmente ou l'étouffe, encore une fois il est injuste d'en attribuer la faute à l'Harmonie; c'est nous qu'il faut en accuser. Dire que l'Harmonie est une invention gothique, dont les Goths eux-même n'avaient point d'idée, est aussi injuste que de vouloir soutenir que tout ce qui existe de plus admirable en architecture, n'est qu'une invention barbare. Confondre une chose avec l'abus qu'on en peut faire, est pardonnable au vulgaire, mais non à des philosophes.

D'ailleurs, l'Harmonie n'est point une invention, mais une découverte. C'est la nature qui en prescrit les lois, elle est positive et non conventionnelle. L'Harmonie portée à un dégré éminent de perfection, ne peut être que l'appanage des nations les plus civilisées et restera toujours ignorée des Goths, dont chaque siècle fournit malheureusement un nombre assez considérable.

(2) Ainsi, il y a un triple mariage dans la Musique vocale, la Mélodie, la Poésie et l'Harmonie.

peut se passer souvent de la Mélodie, au moins de cette Mélodie régulière dont nous avons exposé les principes, tandis que la Mélodie n'obtient tout son éclat et ne produit tout son effet qu'en se mariant avec l'Harmonie. Delà il suit qu'il faut classer les productions musicales: 1°. En productions purement harmoniques où la Mélodie ne joue qu'un rôle secondaire, comme, par exemple, la plus grande partie des chœurs, des morceaux d'ensemble, des airs déclamés, les récitatifs, les caprices, les préludes, les fugues, la fantaisie et beaucoup de morceaux d'imitation musicale. 2°. En productions où la Mélodie est le but principal, et où l'Harmonie est tout-à-fait subordonnée à la Mélodie, comme les chansons, les romances, les airs nationaux, les grands airs, chantans et non déclamés, la plus grande partie des airs de ballets, et celle des duos, et des solos d'instrumens, etc. (2). 3°. En productions mixtes, où on cherche à nous intéresser tantôt par la Mélodie, tantôt par l'Harmonie; ou bien, où l'Harmonie est plus qu'une partie secondaire, même en accompagnant la Mélodie; comme par exemple, Les ouvertures, et en général les symphonies, les quatuors et presque toute la musique instrumentale; le récitatif obligé, comme on le chante en Italie; les chœurs et les morceaux d'ensemble qui doivent être en même tems chantans, soit par intervalle, soit en totalité, etc.; et la musique d'église qui n'exclut pas plus la Mélodie que l'harmonie.

De la même manière on devrait classer le mérite des compositeurs, parce qu'il y en a qui ne se sont distingués que dans un seul de ces trois genres, tandis que d'autres ont excellé dans tous les trois.

Les amateurs de Musique se partagent de même en trois classes. Il y en a qui

---

(1) Comme en général on confond souvent ce second genre de productions avec les deux autres indiqués dans cet ouvrage, nous placerons ici les remarques suivantes.

Lorsqu'on ne veut nous intéresser que par la Mélodie, le but est alors de fixer uniquement sur elle l'attention des auditeurs. Dans ce cas, elle pourrait se passer à la rigueur de l'Harmonie, quoiqu'on n'ait pas l'habitude de l'exécuter sans accompagnement, et qu'on n'ait pas une raison suffisante de vouloir s'en passer. Dans ce cas, l'Harmonie accompagnant une telle Mélodie, et prise séparément, est de trop peu d'intérêt, le plus souvent vague, incertaine, et sans un sens déterminé; Car si au contraire, l'Harmonie ici était riche, recherchée, et montrait trop de prétention, elle fixerait alors notre attention en la détournant de la Mélodie. Cette dernière ne serait plus prédominante, quoique bien faite; et les morceaux tiendraient du premier ou du troisième genres indiqués dans l'ouvrage, au lieu d'appartenir au second. Il est important de faire cette distinction, sans laquelle on aurait un genre de moins; ce qui, au lieu d'enrichir l'art, l'appauvrirait et le priverait d'un moyen certain de plaire.

Il y a deux manières d'accompagner la même Mélodie, qu'il importe de ne pas confondre; l'une de l'accompagner par une Harmonie savante, et l'autre par une Harmonie simple et naturelle. Ce n'est pas un mérite de placer une Harmonie savante là où il n'en faut qu'une simple, mais c'est plutôt un défaut de jugement de la part des compositeurs, qui, au lieu de varier les genres, peuvent facilement fatiguer l'attention des auditeurs, par une longue continuité de richesses du même ordre. La Mélodie prédominante est le genre le plus propre à la scène. Les compositeurs dramatiques les plus célèbres l'ont choisie de tout tems de préférence aux autres genres musicaux. Les opéras qui ont obtenu le plus de succès sont précisément ceux qui ont le plus de chant, de naturel et de simplicité; trois qualités inestimables de la Musique dramatique, parce que tout le monde est en état de les apprécier. Au théâtre, la première loi est de plaire; pour atteindre à ce but, il faut que la Science daigne souvent sacrifier aux Grâces.

Ce second genre de productions n'exige de la part de l'Harmonie que l'étude du *contre point simple* qui précède celle du *contre point double*, des *canons*, des *imitations* et de la *fugue*. Ces quatre derniers objets, si indispensables pour les autres productions musicales, ne sont pas absolument nécessaires pour accompagner une Mélodie prédominante. C'est un degré d'inspiration plus heureux et plus rare qu'il faut pour créer des Mélodies vraies, neuves et intéressantes. Ce degré doit remplacer ce que la science proprement dite sacrifie ici, et ce qu'elle peut employer partout ailleurs avec plus de succès.

n'aiment qu'un seul de ces genres, n'ayant pas appris à apprécier les deux autres. Ceux qui sont plus connaisseurs les aiment tous les trois.

Après cette classification nécessaire, revenons sur le mariage de la Mélodie avec l'harmonie, qui est le but de ce chapitre, et qui a principalement pour objet la seconde espèce des genres de Musique que nous venons d'indiquer.

En considérant séparement dans un mariage pareil, la Mélodie et l'Harmonie il peut se faire que chacune soit parfaite isolément, et que le mariage soit mauvais. Il ne s'agit point ici des fautes contre la pureté de l'Harmonie, qui ne seraient que des fautes d'écolier; il s'agit de fautes plus graves que les plus habiles harmonistes eux-mêmes peuvent facilement commettre sous ce rapport, s'ils n'ont pas des instructions particulières dont on ne parle jamais dans nos écoles.

L'Harmonie qui sert d'accompagnement à une telle Mélodie, doit observer ce qui suit: 1º. Les cadences harmoniques doivent être en rapport avec les cadences mélodiques c'est-à-dire que, lorsque la Mélodie fait une demi-cadence, l'Harmonie doit la faire en même tems; et que lorsque la première fait une cadence parfaite, l'autre doit la faire de même. Car, si sous une cadence parfaite mélodique, l'Harmonie en fait une autre (par exemple, une cadence interrompue), il est évident que, par-là, la période mélodique, qui devrait avoir sa fin, est interrompue et ne finit point; bref, les cadences harmoniques mal placées détruisent les cadences mélodiques, et par conséquent le rhythme de la Mélodie: c'est au point qu'une Mélodie quoique parfaitement phrassée, considérée sans l'Harmonie, produit alors sur nous l'effet d'une mélodie mal phrasée.

2º. L'Harmonie doit avoir le caractère de la Mélodie qui l'accompagne, c'est-à-dire produire à-peu-près les mêmes impressions que la Mélodie nous inspire, et ne la point contrarier par un caractère particulier; sans quoi, l'une détruit l'autre, et l'intérêt cesse, parce que notre attention ne peut se fixer à-la-fois sur deux choses différentes, ou au moins ne peut les saisir qu'avec beaucoup de difficulté, ce qui finit par la lasser, souvent au point de la détruire.

3º. Si l'Harmonie est trop forte, trop surchargée par la multiplicité des instrumens, ou par un mauvais choix de leurs mouvemens, elle écrase la Mélodie, et détourne notre attention, en la fixant et l'attirant sur elle. Dans ce cas l'intérêt de la Mélodie est perdu, et le but du compositeur est manqué.

4º. Si l'harmonie prend ses accords dans une autre gamme que celle que la Mélodie fait sentir, ce qui est fort possible et arrive même fréquemment à beaucoup de compositeurs, elle contrarie la Mélodie d'une manière fort désagréable et en détruit le charme: on entend moduler l'Harmonie, tandis que la Mélodie reste dans le même ton; ce qui contrarie l'une et l'autre. L'Harmonie nuit encore par-là aux cadences mélodiques qui ne peuvent plus être senties.

5º. Quand les accords se succèdent d'une manière trop subite, la Mélodie se trouve enlacée dans les accords et appesantie par l'Harmonie: elle ne plane plus sur elle, et n'en fait, pour ainssi dire, qu'une partie d'accompagnement.

L'Harmonie devient donc un tout autre art, lorsqu'elle accompagne une Mélodie prédominante. Il nous manque un traité sur cette matière importante, ce qui fait que des harmonistes fort habiles ne savent souvent pas bien accompagner une telle Mélodie. Nous tâcherons ici d'éclaircir par d'autres remarques et quelques exemples ce que nous venons d'avancer sur cette matière.

I.

SUR LES CONTACTS DES CADENCES HARMONIQUES
AVEC LES CADENCES MÉLODIQUES.

C'est un des points les plus importans dans ce mariage que de bien connaître et de bien observer les rapports des cadences harmoniques avec celle de la Mélodie sans quoi, les repos mélodiques et les rhythmes sont infailliblement détruits, ainsi que l'intérêt de la Mélodie.

L'Harmonie n'a que deux sons dans une gamme quelconque sur lesquels elle peut faire ses cadences, dont l'un est la dominante qui lui sert pour la demi-cadence, et l'autre la tonique pour la cadence parfaite, par exemple, (Voyez V⁵,Nº.4.) Ainsi, quand la Mélodie fait une demi-cadence sur l'une des trois notes suivantes: (Voyez V⁵,Nº.5.) l'Harmonie ne peut les accompagner que de la manière suivante: Voyez V⁵,Nº.6.) Toute autre note dans la basse et tout autre accord sur cette note détruirait la demi-cadence mélodique.

La quatrième demi-cadence mélodique qui se fait dans chaque ton sur la tierce ou médiante, par exemple, (Voyez V⁵,Nº.7.) ne peut être accompagnée par l'Harmonie que de la sorte: (Voyez V⁵,Nº.8.) Ici, l'Harmonie est obligée de faire une cadence parfaite, tandis que la Mélodie ne fait qu'une demi-cadence. La raison en est que l'Harmonie est très-pauvre en demi-cadence, car elle n'en a qu'une seule contre quatre de la Mélodie; il suffit dans ce cas, que la Mélodie fasse une demi-cadence sur cette note. Cependant pour remédier à cette disette de cadence harmonique, on accompagne quelquefois, dans les tons majeurs, cette demi-cadence mélodique sur la tierce, de la sorte: (Voyez V⁵,Nº.9), c'est-à-dire, on emprunte la demi-cadence harmonique de *la* mineur pour accompagner la demi-cadence mélodique sur la tierce d'*ut* majeur. Mais on ne peut faire que peu d'usage de cette manière, parce que la demi-cadence harmonique est dans ce cas trop éclatante, et pourrait par-là facilement nuire au caractère de la Mélodie. Méhul l'a employée heureusement dans la romance d'ARIODANT: *Femme sensible.*

On prend quelquefois, pour accompagner la demi-cadence mélodique sur la dominante, l'accord de la tonique sans renversement, quand celui-ci peut être précédé de l'accord parfait de la quarte supérieure (ou la quinte inférieure); Par exemple, (Voyez V⁵,Nº.1 et 2). Par rapport à cet accord de la quarte supérieure, cette cadence est une espèce de demi-cadence harmonique, et quoique faible, elle peut de tems en tems servir à varier les demi-cadences harmoniques, pourvu que la Mélodie s'y prête d'une manière naturelle. Si le compositeur acompagnait cette même phrase de la manière suivante: (Voyez V⁵, N°. 5), il ferait une faute, parce que l'Harmonie et la Mélodie, par rapport à cette Harmonie, aurait une cadence parfaite là, où la Mélodie n'en exige qu'une demie.

Une cadence parfaite mélodique, qui termine par conséquent une de ces périodes, ne peut être jamais autrement accompagnée que de la sorte: (Voyez V⁵, N°. 10). Toute autre basse et tout autre accord romprait la cadence parfaite mélodique, et ferait que sa période n'atteindrait pas à sa fin, et la période elle même serait rompu. Il faut même éviter dans ce cas, autant que possible, qu'une des parties accompagnantes qui se trouve audessus de la Mélodie, comme cela se voit souvent dans les orchestres, finisse sur la tonique et non, comme on en abuse, sur la tierce, ou bien, ce qui est pis, sur la quinte de la tonique, parce que cette partie comme supérieure, affaiblit le repos d'une cadence parfaite que la période mélodique exige, par exemple, (Voyez X⁵, N°⁰. 1, 2, et 5). Dans le N°. 1, la partie supérieure dans l'accompagnement fait une demi-cadence, tandis que la Mélodie en exige une parfaite. Dans le N°. 2, la cadence parfaite mélodique est contrariée par le *sol* de la partie accompagnante qui se trouve au-dessus de la cadence mélodique. Dans le N°. 5, tout est bien, parce que la partie la plus supérieure fait une cadence parfaite comme la Mélodie. Pour procéder, comme aux N°⁰. 1 et 2, il faut que le compositeur ait une raison particulière et légitime. Cela peut se faire dans le cas où une ritournelle de quelques mesures suit la période mélodique, par exemple (Voyez Y⁵). Cette petite ritournelle prolonge naturellement la période mélodique et la termine enfin complétement, quoique la mélodie ait fini la sienne, quatre mesures auparavant avec l'accord parfait sur la tonique. Cet accord doit sans exception, et malgré la ritournelle, avoir toujours lieu en cet endroit, sans quoi la Mélodie n'a pas sa fin.

Les compositeurs pèchent quelquefois contre ce principe même des compositeurs célèbres, entre autres, Pergolèse dans son *Stabat*, en rompant la cadence parfaite mélodique par l'Harmonie là où une ritournelle la suit. Ils oublient qu'on peut l'interrompre par les mouvemens d'instrumens, par le rhythme par la supposition, mais jamais par l'accord, qui doit être toujours *l'accord parfait de la tonique sans renversement*: Cette faute m'a toujours choqué, en me laissant désirer un retour de Mélodie qui n'est pas arrivé.

Quand la Mélodie fait une cadence interrompue, l'Harmonie peut la faire de même, ou bien l'Harmonie peut faire une cadence parfaite, par exemple (Voy Z⁵ depuis N°. 1 jusqu'au N°. 12), où N°. 1 est une cadence parfaite harmonique, et les autres sont des cadences interrompues et par la Mélodie et par l'Harmonie.

Quand un compositeur veut interrompre la cadence parfaite mélodique pour

prolonger la période, il vaut toujours mieux le faire par la Mélodie que par l'Har_
monie seule. Cependant, comme elle n'est pas moins interrompue par l'Harmonie
il peut l'opérer des différentes manière suivantes:(Voyez A⁶,N.ᵒˢ 1,2,3,4,5,6). Mais
qu'il se garde d'employer une de ces six cadences harmoniques interrompues là
où il veut que la Mélodie finisse la période.

OBSERVATIONS SUR LA PÉDALE,

PAR RAPPORT AUX CADENCES MÉLODIQUES.

Une cadence mélodique sur la pédale ne peut avoir lieu que dans les deux
cas suivans(voy. B⁶,N.ᵒ 1 et 2), c'est-à-dire, il faut que la cadence mélodique sur la
tierce du ton se fasse sur l'accord parfait de la tonique, comme au N.ᵒ 1, et les
trois autres demi-cadences mélodiques sur l'accord parfait majeur de la dominante,
comme au N.ᵒ 2. Si l'on n'observe pas cette règle importante, et qu'on fasse le con_
traire de ce que nous venons d'indiquer, la pédale devient détestable, par ce que
la Mélodie demeure sans cadence, par exemple(voy. C⁶). Tout le monde doit sentir
que la demi-cadence mélodique produit ici un effet insupportable, parce qu'elle fait
avec la pédale une dissonance forte, qui rompt toute l'impression d'une cadence. Une
cadence parfaite ne peut jamais se faire sur une pédale; mais, lorsque la Mélodie,
après avoir fait avec l'Harmonie une cadence parfaite régulière, prolonge cette ca_
dence de la manière suivante, elle peut faire cette prolongation sur une pédale:
(Voyez D⁶,N.ᵒ 1). Dans ce cas, la pédale est bien placée et toujours d'un effet sûr.

Il arrive quelquefois que la Mélodie, par extraordinaire, ne doit faire qu'une
demi-cadence sur sa tonique, par exemple (voyez D⁶,N.ᵒ 2). Dans ce cas l'Harmonie
lui rend service en l'accompagnant d'une des cinq manières suivantes, où elles
affaiblissent suffissamment l'impression d'une cadence parfaite que la Mélodie sem_
blerait faire ici(voyez E⁶). La première manière n'est pas bonne, parce qu'elle af_
fermit la cadence parfaite de la Mélodie, au lieu de l'affaiblir, et ne pourrait avoir
lieu que dans le cas où le compositeur voudrait faire de ces quatre mesures une
petite période, comme cela peut arriver. Les autres cinq manières sont toutes bonnes,
parce qu'elles affirment positivement que ces quatre mesures mélodiques ne sont
qu'un membre d'une période, et non la période même. Et comme ces cinq manières
ont une cadences très faibles, dont deux sont même interrompues, elles tempèrent
par-là la cadence mélodique qui parait ici trop forte pour une demi-cadence. Voilà
les procédés de l'union intime de la Mélodie et de l'Harmonie.

Par la même raison, on accompagne de préférence la Mélodie suivante avec
l'Harmonie ci-jointe, parce que les cadences mélodiques paraissent trop fortes(Voyez F⁶,
N.ᵒ 1). L'Harmonie ne fait point ici des cadences sous les deux premières demi-cadences
mélodiques, et cependant ces dernières sont suffisamment prononcées par la Mé_
lodie seule.

Il est souvent moins important de ne pas faire une demi-cadence harmonique, sous une demi-cadence mélodique, que d'en faire une fausse; car, il y a des cas où les demi-cadences de la Mélodie peuvent se passer des demi-cadences de l'Harmonie, et où le compositeur peut envisager les demi-cadences mélodiques comme des quarts de cadences. C'est ainsi que Sarti a senti et accompagné la première période de son air (voyez A¹,)avec la basse chiffrée qui y est jointe), où la Mélodie fait deux demi-cadences, et l'Harmonie n'en observe point; ce qui fait que cette Mélodie paraît n'avoir qu'une période d'un seul membre et d'un rhythme, effet très-agréable. Toute règle a ses exceptions; mais chaque bonne exception a ses causes légitimes: c'est cette cause que tout véritable artiste doit chercher, pour ne point abuser des exceptions aux dépens du bon goût et du bon sens. L'Harmonie a quantité d'exceptions excellentes; pourquoi, dans la Mélodie et dans le mariage de l'Harmonie avec la Mélodie, n'y en aurait-il pas de tems en tems?

II.

SUR L'ANALOGIE DE CARACTÈRE ENTRE LA MÉLODIE ET L'HARMONIE.

Lorsque la Mélodie est douce et naturelle, l'Harmonie ne doit point être vive et recherchée; il faut qu'elle soit comme sa Mélodie, simple et naturelle (1). Les compositeurs manquent de jugement, de tact, de goût et d'expérience, lorsqu'ils veulent briller partout comme des harmonistes savans. Il faut atteindre au but avec les moyens les plus simples: tels ont été dans tous les tems le principe des grands talens. Lorsque la Mélodie produit un effet quelconque, il faut peu de chose de la part de l'Harmonie pour la seconder; et cependant ce *peu de chose* paraît souvent difficile à trouver: on croit n'y mettre pas assez de savoir, et par cela même on en met trop; c'est là le grand écueil. On oublie que tout perd de son mérite à être déplacé; et que ce qui est franc, simple et naturel fait autant de plaisir aux vrais connaisseurs, qu'à ceux qui ne le sont pas. Il y a tant de morceaux qui ne sont consacrés qu'à la science! c'est là où ils doivent se montrer et se faire valoir d'une manière sage et ingénieuse.

Il n'y a rien de si facile que de se tromper dans le choix de l'Harmonie qu'on peut faire pour accompagner la Mélodie. Il faut, sous ce rapport, étudier le caractère de nos différens accords. Il y en a qui sont tristes, sombres et douloureux, d'autres sont sévères, forts et éclatans; d'autres simples, francs et naturels. En général, l'Harmonie a quelque chose de mystérieux, considérée en elle même. Mais par les différens mouvemens (ou valeurs des notes), on peut lui donner différens

---

(1) Une Mélodie triste ou qui doit exprimer la douleur, exige une Harmonie plus sombre, plus mélancolique; et lorsque la Mélodie exprime une passion vive, il faut l'accompagner d'une Harmonie plus animée sans être compliquée.

degrés de légéreté et de gaîté. C'est donc encore sur les caractères de ces mou_
vemens qu'un compositeur doit être sans cesse attentif, pour en **prendre** ce qui con_
vient mieux à telle ou à telle Mélodie.

Pour une Mélodie simple et légère, il faut beaucoup d'accords consonnans et
fort peu de dissonnans. Il faut éviter ici tous les accords suivans: (voy F^6, N°.2),
Il faut rarement employer l'accord diminué: (Voyez F^6, N°.3), comme aussi les sup_
positions (ou suspensions) qui ont un caractère trop grave. Il faut choisir des mou_
vemens légers dans les parties accompagnantes, sans quoi l'Harmonie deviendrait trop
lourde, attendu que les accords ne peuvent se succéder avec la même rapidité que
les sons de la Mélodie, et *qu'il faut que beaucoup de notes mélodiques tombent*
souvent sur un seul accord.

Pour une Mélodie triste et qui exprime la douleur, tous les accords ci-dessus in_
diqués peuvent être employés: mais même là il n'en faut pas faire abus parce qu'un
trop grand usage de ces accords dans le même morceau donne à l'Harmonie une
empreinte forcée, qui par conséquent ne paraît ni franche ni naturelle. Les mouve_
mens des parties doivent être ici moins légers, plus liés et jamais sautillans.

Il faut accompagner des Mélodies passionnées par des mouvemens animés et bien
choisis, mais point compliqués. C'est par ces mouvemens qu'on peut tout exprimer
en Musique et non, comme tant de compositeurs le croient faussement, par la com_
plication et une succession trop rapide d'accords, ou bien par des accords recherchés
et par des modulations fréquentes et bizarres.

On peut consulter, pour bien accompagner une *Mélodie prédominante,* les parti_
tions de Pasiello et de Cimarosa, et dans un genre plus riche, celles de Mozart, mais
il faut dans ce cas imiter celles-ci avec beaucoup de réserve, sans quoi l'accompagne_
ment deviendrait trop compliqué pour une telle Mélodie, et l'on sortirait alors de
ce *second genre* dont il est parlé plus haut.

III.

Il ne faut pas que l'Harmonie qui accompagne la Mélodie soit surchargée et
prescrive une forte éxécution.

Quand on songe que la Mélodie d'un air chanté par une seule voix est accompagnée d'un
orchestre de ving-quatre, trente, quarante et souvent d'un plus grand nombre d'exé_
cutans, on peut se faire une idée de la facilité qu'il y a de surcharger l'accompagnement
et de nuire par-là à la Mélodie. Les instrumens à vent, plus perçans que les instrumens
à cordes, trop employés, les sons aigus qui planent sur la Mélodie, l'emploi trop fré_
quent des masses d'orchestre, les *fortés* mal distribués et dont on abuse, tout cela con_
tribue à détruire le charme de la Mélodie la plus suave. En général, 1°. il ne faut jamais
se servir de la masse de l'orchestre, pour accompagner la Mélodie; il ne faut l'employer
que dans les ritournelles. 2°. Il faut faire peu d'usage des sons aigus, c'est-à-dire plus
hauts que ceux de la Mélodie. 3°. Il faut réserver de même les *fortés* pour les ritournelles,

et, çà et là, pour les dernières mesures des périodes musicales et de la coda. Dans le courant de la Mélodie il ne faut employer que par-ci par là, au lieu du *forté* les *mezzoforté*, les *rinforzando* et les *forté-piano* et le plus possible n'employer que le *piano*.

Du tems du célèbre Haendel on composait des airs d'operas qui n'étaient accompagnés que de basses et on reservait les autres instrumens seulement pour les ritournelles. Il est à regretter qu'on ait tout-à-fait abandonné ces sortes d'airs qui, étant bien faits, bien exécutés et placés à propos, ne peuvent manquer leur effet, surtout là où on peut souvent employer de petites ritournelles, et dialoguer le chant avec l'orchestre. En effet, le mélange de ces ritournelles, avec la voix accompagnée seulement des bases, était parfaitement bien senti et devait produire un contraste intéressant et une variété piquante. C'est en partie avec ces sortes d'airs que le célèbre chanteur Farinelli, au commencement du 18e. siècle, enchantait ses auditeurs d'une manière si extraordinaire.

IV.

Il ne faut pas que l'Harmonie et la Mélodie fassent entendre à-la-fois deux gammes de différent caractère.

Il est très-souvent possible (et facile pour un harmoniste un peu habile) d'accompagner une Mélodie avec une Harmonie qui fait sentir une toute autre gamme que celle que la Mélodie exige, par exemple (voy. G⁶, N°. 1 et 2). Dans le N°. 1 la Mélodie est en *sol*, et l'Harmonie de même; tout y est d'accord. Dans le N°. 2 la Mélodie est en *sol* majeur, et l'Harmonie en *mi* mineur; et quoique celle-ci soit bien faite, elle ne détruit pas moins le caractère et le charme de la Mélodie; elle l'attriste et fait que ses deux cadences parfaites (dans le N°. 1) deviennent ici deux demi-cadences, et que par conséquent la période mélodique n'est point terminée à la fin des deux reprises; ce qui fait que la Mélodie reste deux fois en l'air, parce qu'elle demeure sans périodes (1)

Dans un morceau fort développé, comme, par exemple, dans un quatuor ou dans une symphonie, où l'on répète souvent une Mélodie, et où l'on cherche à rendre ces répétitions intéressantes par la variété de l'Harmonie et de l'accompagnement, on peut quelquefois tenter avec succès d'accompagner une Mélodie, comme dans le N°. 2. Mais dans un morceau consacré tout-à-fait à la Mélodie, comme un air, ce sont des fautes impardonnables : Il n'y a rien de plus facile en composition que de nuire au charme et à l'intérêt

---

(1) Elle demeure sans périodes, parce qu'elle termine deux fois, non pas sur la tonique, mais sur la médiante ou 3e. degré de MI, ton dans lequel l'Harmonie est conçue, ou une période mélodique, comme nous l'avons prouvé, ne peut jamais finir et faire cadence parfaite que sur la Tonique de l'Harmonie qui l'accompagne. Cette Mélodie deviendrait plus satisfaisante, malgré le ton de MI où l'Harmonie se trouve, si cette dernière terminait dans le ton de SOL à la 6e. et à la dernière mesure.

Avant d'avoir découvert les cadences mélodiques, je ne pouvais m'expliquer pourquoi l'Harmonie du N°. 2. m'avait rendu la Mélodie de cet air défectueuse, quoiqu'elle soit en elle-même fort régulière. En réfléchissant aux causes qui pouvaient produire ce mauvais effet, que je sentais particulièrement à la fin de chaque période; j'ai trouvé enfin que ces deux périodes, à cause de cette Harmonie, n'étaient point terminées, et que la Mélodie exigeait nécessairement une suite.

d'une Mélodie par un pareil procédé, parce qu'il n'existe pas une phrase mélodique qui ne puisse recevoir différentes harmonies. Voici, par exemple, une phrase chantante (voy. H⁶) qui peut être accompagnée de seize manières différentes, que nous indiquerons ici par curiosité, et pour faire voir en même tems combien il faut, dans des cas pareils, se méfier des richesses harmoniques, pour ne point en abuser:(voyez H⁶, depuis le N.° 1 jusqu'à 16). Chacun de ces 16 exemples fait une impression différente qui seconde plus ou moins la Mélodie. C'est donc au compositeur de savoir bien choisir, et de ne point nuire à sa Mélodie par un choix déplacé. Il faut que, sous ce rapport, un jugement sain, un goût sûr, perfectionnés par l'expérience, le guident à chaque pas.

De petites modulations passagères dans des tons relatifs peuvent être employées avec succès, soit que la Mélodie les indique ou bien qu'elle ne les indique pas elle-même, par exemple (voyez Ê, N.° 1 et 2). Dans les coda qui terminent les grands morceaux, on peut donner plus d'intérêt à l'Harmonie, pour terminer avec plus d'éclat et de chaleur, par exemple: (voy. K⁶).

V.

Il ne faut pas que les accords changent trop souvent ou se succèdent trop rapidement.

L'intérêt de la Mélodie exige qu'elle fasse beaucoup de notes sur peu d'accords différens, et que ceux-ci par conséquent se succèdent d'une manière peu rapide. C'est particulièrement contre cette règle que les compositeurs pèchent le plus souvent. Si on accompagnait, par exemple, cette phrase mélodique,(voyez la Mélodie de L⁶). de la manière suivante:(voyez l'Harmonie de L⁶), principalement dans un mouvement vite, on détruirait tout le charme de la Mélodie, et la phrase deviendrait tout-à-fait harmonique; la première partie ne ferait que compléter l'Harmonie. Cette manière d'accompagner la Mélodie ne peut avoir lieu que là où l'harmonie doit prédominer; dans le cas contraire, il faut que la Mélodie plane sur l'Harmonie, qu'elle fasse beaucoup de notes passagères et beaucoup d'*appogiature*: Ainsi, il faut accompagner le chant ci-dessus, dans un morceau d'un intérêt purement mélodique, de la manière suivante, (voyez M⁶, N.°ˢ 1,2,3), où l'on ne change que deux fois les accords, au lieu de les changer douze fois, comme dans l'exemple L⁶.

Quand la phrase mélodique exige du calme, on l'accompagnera comme dans (M⁶, N.°1); quand elle exige plus de chaleur dans l'accompagnement, on fera comme aux N.° 2 et 3. On voit que dans les trois cas, il n'y a que trois accords, qui sont: l'accord d'*ut*, de *la* et d'*ut*.

Ces trois dernières manières d'accompagner un chant prédominant sont infiniment préférable à l'exemple (L⁶), quoique celui-ci soit beaucoup plus riche en fait d'Harmonie. Il est bon de remarquer ici que les modifications d'un accord par les notes passagères, les petites notes, les suspensions et les syncopes, ont souvent plus de charme et plus de nouveauté que l'accord lui même; et que toutes ces modifications pour notre organe auditif font l'effet d'autant d'accords différens. C'est par cette raison que nous aimons souvent à entendre des phrases mélodiques accompagnées par sixtes et par tierces, avec une basse fort simple, ou sur une pédale, et dans lesquelles il se trouve de doubles notes passagères, de doubles petites notes, de doubles suspensions et de doubles syncopes. Voilà pourquoi dans l'exemple suivant: (voyez N⁶, N°. 1), où il n'y a presque point de notes passagères, et point de petites notes, et où il y a trop de masses et trop d'accords fonda_mentaux, qui se succèdent coup sur coup, nous éprouvons peu de charme mélodique; tandis que dans les exemples suivans: (voyez N⁶, N°ˢ. 2 et 3), où c'est tout le contraire, nous en trouvons beaucoup plus, principalement dans le N°. 3, où le mouvement de la partie inter_médiaire rend cette phrase encore plus piquante.

Ainsi, pour bien accompagner la Mélodie, il faut peu d'accords, mais beaucoup de modifications de ces accords par les moyens indiqués et par les différentes valeurs des notes. Cependant dans des mouvemens lents, comme dans l'*adagio*, le *largo* et l'*andante*, la Mélodie supporte plus de changement d'accords que dans les mouvemens accélérés (1); la raison en est qu'on a suffisamment de tems dans le premier cas, pour saisir ce chan_gement d'accords, et que les petites notes et les notes passagères comme n'appartenant pas à l'Har_monie, y peuvent produire des duretés, par rapport à leur durée, inconvénient qu'on n'a pas à craindre dans les mouvemens vites.

VI.

Observations sur les accords d'une gamme majeure et d'une gamme mineure, par rapport à la Mélodie.

Dans une gamme majeure comme dans une gamme mineure il y a six accords parfaits, par exemple: (voyez N⁶, N°. 4). Outre ces six accords parfaits, il y a dans une gamme majeure encore trois accords de septième, et dans une gamme mineure, il y en a deux, dont on peut se servir pour accompagner la Mélodie, (voyez N⁶, N°. 5). (2). Ajoutez à cela les deux accords suivans: (voyez N⁶, N°. 6). Voilà donc onze accords différens dans un ton majeur, et dix dans un ton mineur, qui tous sont excellens pour accompagner la Mélodie, quoique les Italiens modernes, c'est-à-dire depuis Paisiello, ne se servent presque point des accords marqués dans la planche par le signe (+), et fort peu de l'accord de la septième diminuée, que prodiguent de nos jours l'Allemagne et la France, ou plutôt dont elles abusent. Les Italiens par conséquent se privent de ces six accords pour ac_compagner leur Mélodie, et cela sans un motif raisonnable.

---

(1) Un exemple en ce genre est la marche réligieuse de Mozart, dans la *flûte enchantée*, et celle dans l'*Alceste* de Gluk, que nous avons citées comme Mélodie de deux périodes (Voyez P³ et S³.)

(2) Je ne compte pas ici l'accord de la septième majeure, par exemple (*ut, sol, mi, si* ♮) et (*fa, la, ut, mi* ♮) qui se trouvent tous les deux en *ut* majeur et en *la* mineur, parce qu'on ne peut s'en servir pour accompagner une Mélodie, que dans des cas fort rares, et que sous certaines conditions harmoniques, qui sont de donner à cet accord la série d'accords sui_vante: (voyez Q⁶, N°. 6, 7, 8, 9), où l'accord *fa, la, ut, mi* ♮ , se trouve dans son premier et dans son troisième ren_versement, comme ayant alors le plus de charme, et où cette série d'accords a lieu dans le ton mineur, ce qu'il faut observer.

En réfléchissant, 1°. que presque tous ces accords se laissent renverser de différentes manières; 2°. qu'ils se laissent modifier par beaucoup de positions, comme par exemple, l'accord de septième dominante, (voyez O⁶); 3°. qu'ils peuvent être variés à l'infini par les valeurs des notes, (voyez par ex. P⁶), où l'accord de septième dominante ce trouve varié de vingt manières différentes par ces mêmes valeurs; 4°. que les petites notes, les notes passagères, les syncopes, les suspensions et la pédale modifient encore les accords à l'infini; 5°. qu'au moyen des permutations, dix accords différens donnent 3,628,800 chances pour les enchaîner; en réfléchissant, dis-je, à cela, on reste stupéfait de la quantité inépuisable des moyens qui se présentent au compositeur pour accompagner sa Mélodie. Mais aussi quels pièges cette quantité de moyens ne lui tend-t-elle pas, si un tact parfait, un jugement sain, un goût exquis ne le seconde point! D'un autre coté, s'il ignore cette richesse immense, il tourne dans un cercle étroit et commun, dont il ne peut jamais sortir.

Dans l'art d'accompagner la Mélodie, pour bien employer les trois accords de septième (dont on se sert rarement, faute de les savoir manier).(voyez Q⁶,N°.4), nous donnerons ici les trois exemples suivans:(voy.Q⁶,N°. 1,2,et 3). Il faut que la Mélodie puisse se prêter à ces séries indispensables d'accords indiqués, pour pouvoir employer les trois accords de septième en question. Si elle ne s'y prête pas facilement, il n'est pas à conseiller d'en faire usage. Il faut aussi consulter le caractère de la Mélodie, pour ne pas s'en servir mal-à-propos; car, ces séries d'accords ont quelque chose de mélancolique, qui conviendrait peu à un chant gai ou léger.

Quand aux modulations que la Mélodie ne peut faire d'une manière évidente sans le secours de l'Harmonie, comme par exemple:(Q⁶,N°.5), il ne faut pas en abuser, parce que la Mélodie est obligée de faire ici des sacrifices à l'Harmonie. Pour qu'une pareille modulation produise tout son effet, sans nuire à l'unité de la Mélodie, il ne faut l'employer qu'une seule fois dans un grand morceau consacré uniquement à la Mélodie, comme par exemple dans un air.

L'Harmonie en général rend un grand service à la Mélodie dans les modulations, parce qu'elle a les moyens les plus efficaces de les déterminer d'une manière prompte, décisive, claire et indubitable, tandis que les modulations prises seulement mélodiquement, ont le plus souvent quelque chose de vague, de faible et d'incertain.

Voilà ce que nous avons jugé le plus nécessaire à remarquer sur l'art d'accompagner par l'Harmonie une Mélodie prédominante. Nous ajouterons aux neuf propositions qui précèdent le *supplément*, les cinq propositions suivantes, qui ont pour but de s'exercer dans l'art d'accompagner une telle Mélodie.

DIXIÈME PROPOSITION,

Qui a pour but de s'exercer à bien marier les cadences harmoniques avec les cadences mélodiques, d'après les principes indiqués page 104.

Quand aux quarts de cadences qui séparent un dessin mélodique de l'autre, l'Harmonie en est aussi riche que la Mélodie, parce qu'elle peut les faire sentir sur chaque note de la gamme, comme la Mélodie.

ONZIÈME PROPOSITION,

Qui a pour but de s'exercer à accompagner la Mélodie seulement avec des accords pris de la gamme que la Mélodie indique, sauf les petites modulations passagères que cette dernière peut faire sentir.

La Mélodie, soit qu'elle module, soit qu'elle ne module pas, fait toujours sentir ses phrases dans une gamme suffisamment déterminée, et qui est facile à reconnaître. Si elle marche d'un ton à l'autre, l'Harmonie doit nécessairement le faire de même, et de la manière la plus évidente et la plus satisfaisante. Arrivant dans la gamme nouvelle, le compositeur y trouve la même quantité d'accords que dans la gamme primitive; il les garde aussi long-tems que la Mélodie reste dans ce ton; de la sorte, il suivra strictement la Mélodie de gamme en gamme.

DOUZIÈME PROPOSITION,

Qui a pour but d'accompagner une Mélodie avec aussi peu de changement d'accords qu'il est possible.

Nous avons vu dans ce *Supplément* que pouvant donner à une phrase mélodique trop de changemens d'accords, cette quantité se laisse presque toujours réduire soit à la moitié, soit au tiers, et même au quart; ce qui est important à étudier pour un élève. Sous ce rapport, il est indispensable qu'il sache parfaitement bien distinguer combien de notes mélodiques peuvent être envisagées comme des notes passagères et de petites notes; sans quoi, il donnera toujours trop de changemens d'accords à la Mélodie, et par-là nuira à son charme. C'est l'étude du *contre point simple* qui peut le mettre à même d'analyser une Mélodie sous ce rapport. Il est bon de conseiller à l'élève de ne pas toujours employer dans ce travail l'Harmonie à quatre parties; et qu'il faut souvent varier cette dernière par l'Harmonie à deux et à trois, et même, lorsque la Mélodie s'y prête d'une manière naturelle, d'employer de petites phrases à l'unisson, dont on peut user aussi avec beaucoup de succès, çà et là, dans des ritournelles.

TREIZIÈME PROPOSITION,

*Qui a pour but d'accompagner une même Mélodie par différens mouvemens pro-
venant des différentes valeurs des notes.*

Il faut que cette variété de mouvemens soit faite de manière à ne point altérer le
caractère primitif de la Mélodie. C'est un exercice fort important; car c'est dans des
mouvemens heureusement choisis des parties accompagnantes que réside le grand charme
de l'Harmonie; c'est par ces divers mouvemens qu'on peut même relever le charme de
la Mélodie et entretenir une grande variété, sans nuire à l'unité du morceau.

QUATORZIÈME PROPOSITION,

Qui a pour but de chercher une Mélodie sur une Harmonie donnée.

Il arrive quelquefois (particulièrement dans la musique dramatique) qu'on cherche
à trouver une Mélodie sur une Harmonie établie d'avance, comme, par exemple, dans
un morceau d'ensemble ou dans un chœur; c'est-à-dire qu'on cherche une Mélodie de
huit jusqu'à seize mesures. Il est superflu de remarquer qu'une Mélodie faite avec
cette condition ne peut avoir le même charme; mais aussi l'intérêt n'est pas ici seulement mélodique, il est en même tems, et même plutôt harmonique. Pour réaliser
une pareille proposition, il faut que l'Harmonie observe le rhythme au moyen des
cadences symétriquement distribuées, comme, par exemple, (voy. R⁰).

La Mélodie qu'on pourrait établir sur cette Harmonie est à-peu-près la suivante:
(voy. S⁰).

Après avoir analysé tout ce qui concerne la véritable Mélodie, et avoir exposé les
principes pour accompagner une Mélodie prédominante, nous pouvons maintenant, lorsqu'une Mélodie ne produit point l'effet qu'on en attend, indiquer quelles en sont les
causes.

Abstraction faite de l'exécution, une Mélodie peut pécher, 1°. par le *rhythme* qui
est peu ou point du tout observé; 2°. par les *dessins* qui sont usés ou n'expriment rien,
et qu'on a créés sans inspiration; 3° par le défaut d'une *coupe convenable*, au moyen
de laquelle les idées se rangent de manière qu'on puisse facilement embrasser et
se représenter l'ensemble du morceau; 4°. par la *monotonie* qui provient de ce que
l'artiste n'a point varié suffisamment les sons, les cadences, les gammes, les diapasons,
et souvent aussi les rhythmes; 5°. par le *timbre* auquel telle Mélodie ne se prête pas;
6°. par le défaut d'*unité* qui résulte de ce qu'on n'a point observé une liaison intime
entre les idées, ce qui nous présente une image confuse de ce que nous entendons,
et produit en nous une sensation désagréable; 7° par les *phrases* ou par les *périodes*

trop longues, qui sont par-là difficiles à saisir, et encore plus à retenir, ce qui produit du vague et fatigue notre attention au point de la diriger sur tout autre chose; 8°._enfin par *l'accompagnement* qui contrarie la Mélodie, la couvre ou l'étoufe, et fixe notre attention principalement sur l'Harmonie, qui nuit à la Mélodie, et nous dédommage rarement du charme dont alors elle la prive.

RÉSUMÉ,

OU

DERNIÈRES REMARQUES SUR LA MÉLODIE ET L'HARMONIE.

La Mélodie marche par intervalles consonnans et dissonans, comme les accords dans l'Harmonie se succèdent par accords consonnans et dissenans. La Mélodie indique presque toujours l'Harmonie qu'elle exige pour être accompagnée, et il faut bien peu connaître son art pour ne point la trouver; mais l'Harmonie n'indique point la véritable Mélodie, et les compositeurs qui s'habituent à ne la chercher que par l'Harmonie, restent ordinairement de médiocres mélodistes. La vraie Mélodie a toujours un sens positif pour notre sentiment, l'Harmonie au contraire n'a le plus souvent qu'un sens vague (1) C'est par cette raison que la Mélodie est plus compréhensible pour tout le monde que l'Harmonie. On a donc eu grand tort d'avancer que l'Harmonie est positive et que la Mélodie est vague. Mais l'Harmonie peut en même tems occuper et intéresser notre esprit autant qu'elle est en état de flatter nos sens et de parler à notre sentiment, quoiqu'avec des sens plus vagues que la Mélodie; tandis que cette dernière s'adresse uniquement au cœur. L'Harmonie embrasse un cercle si immense qu'une génération entière pourrait s'y perdre (2) Il faut des années d'exercices pour rendre nos organes auditifs en état de saisir seulement une partie de ces combinaisons. La Mélodie plus simple et avec beaucoup moins de frais et de luxe, n'a besoin que d'être entendue pour être appréciée sur-le-champ. Mais elle n'est pas moins pour l'artiste, comme nous l'avons prouvé, un art susceptible, au moins autant que tout autre art, de finesse, d'exactitude, de régularité, de recherches et de combinaisons rhythmiques et symétriques.

On a prétendu que la Mélodie et l'Harmonie ne font qu'une même chose, et que

---

(1) L'Harmonie peut de même recevoir un sens plus positif, selon la manière dont elle est conçue de la part de l'artiste.

(2) Je m'étais proposé, il y a quelques années, de noter tout ce qu'on pourrait dire sur un seul accord, comme par exemple, *ut, mi, sol.* A mesure que j'avançais dans mes recherches, je découvrais que la matière en était si étendue, qu'à peine on pourrait l'épuiser. Je me vis contraint d'y renoncer.

l'une sans l'autre ne peut avoir lieu. C'est être dépourvu de bon sens que d'énoncer de pareils axiomes, et ne jamais avoir réfléchi sur la nature de la Musique, sans compter l'expérience journalière qui dément cet argument. L'Harmonie et la véritable Mélodie sont, sous tant de rapports, si différentes l'une de l'autre, qu'à peine on en peut faire une autre comparaison, si ce n'est que l'une et l'autre se forment et se composent de sons, condition primitive et indispensable pour tout ce qui existe dans cet art. Mais il y a, dit-on un mariage intime de la Mélodie avec l'Harmonie, comme il y en a un entre la Musique et la poésie. Il est indubitable que la Mélodie reçoit plus d'éclat et d'intérêt, lorsqu'elle est bien secondée et soutenue par l'Harmonie, que lorsqu'elle marche seule (1), et que l'Harmonie à son tour acquiert plus de charme, quand elle est en même tems embellie par la Mélodie. Mais cela ne prouve pas que l'une ne soit rien sans l'autre, pas plus que de dire que la poésie lyrique n'est rien sans la Musique, et *vice versâ,* comme quelques originaux l'ont aussi prétendu.

Lorsque les compositions des célèbres Palestrina, Allegri, Scarlatti et Bai, (qui ne sont que de l'Harmonie bien sentie et où il n y a presque point de Mélodie) ont produit des effets si merveilleux sur les auditeurs dans la chapelle Sixtine, ces effets et ces sensations ne provenaient que de la puissance harmonique soutenue d'une parfaite exécution. Voilà donc une preuve évidente que l'Harmonie a des moyens de nous intéresser, indépendamment de ce que nous appellons la véritable Mélodie. (2).

Faut-il citer toutes les occasions où l'on jouit de la Mélodie, sans qu'elle soit accompagnée par l'Harmonie? Dans nos réunions, dans les ateliers, dans les champs, dans les forêts, sur les eaux et sur les montagnes, n'est-on pas ravi, transporté, ému d'entendre chanter sans accompagnement? pourquoi aurait-on tant de plaisir à écouter les barcaroles vénitiennes, les airs basques, les boleros espagnoles, et tant d'autres chants nationaux, s'ils n'étaient rien sans l'Harmonie? Moi-même j'ai entendu souvent avec plaisir chanter des scènes entières sans accompagnement par des virtuoses célèbres. Tout cela ne prouve-t-il pas incontestablement que la Mélodie a un grand empire sur nous, abstraction faite de l'Harmonie? Rendons à chacune ce qui lui appartient, ne confondons pas leurs effets divers, n'apprécions point l'une aux dépens de l'autre et convenons :

1°. Que la Mélodie a du charme pour nous indépendamment de l'Harmonie;

2°. Que l'Harmonie peut avoir de même un grand intérêt pour nous sans la Mélodie;

3°. Que la Mélodie mariée avec l'Harmonie est le troisième moyen pour nous émouvoir, mais avec des modifications qui n'existent ni dans la Mélodie, ni dans l'Harmonie, considérées isolément

---

(1) Dans ce mariage l'Harmonie peut souvent rendre un grand service à la Mélodie, en ce que la première est en état d'accompagner la dernière de manière à rendre, pour ainsi dire, neuve, une Mélodie usée. Et telle Mélodie qui, prise séparément ne dirait que fort peu de chose reçoit par l'Harmonie un nouvel éclat et un nouvel intérêt.

(2) Il faut du génie pour la Mélodie, comme tout le monde en est convaincu; il faut du génie pour l'Harmonie; mais c'est ce que tout le monde ne croit pas. Qui n'a pas de *génie* et le *sentiment* de l'Harmonie ne fera que de l'Harmonie froide et tout au plus régulière.

Voilà les trois points cardinaux d'où il faut partir et auxquels il faut revenir, si l'on veut raisonner en Musique d'une manière instructive et satisfaisante, faute de quoi, tout sera confondu, et personne ne s'entendra.

Il est remarquable qu'on peut prescrire à la Mélodie, non les idées, mais la marche des idées, par les coupes mélodiques, par l'amalgame des rhythmes (ou par la symétrie) et par des cadences et des périodes bien proportionnées; avantage extraordinaire que l'Harmonie jusqu'à nos jours n'a pas encore acquis. Elle est sous ce rapport beaucoup moins positive que la Mélodie; et même on ne sait pas encore ce que c'est qu'une idée harmonique. Car on ne peut raisonnablement donner, à une suite régulière d'accords, le nom d'idées; et cependant une pareille suite d'accords est de l'Harmonie (1); comment dans ce cas-là prescrire à l'Harmonie la marche de ses idées? Voilà pourquoi l'Harmonie est si vague non seulement pour l'esprit mais même pour le sentiment. Et si une telle suite d'accords produit des effets sur nous, ils sont plus physiques que moraux; car, on sait que les sons mettent l'air en mouvement. Donc, à mesure que l'on multiplie les instrumens musicaux, ce mouvement doit agir sur nos fibres avec plus de force. Il y a par conséquent ici une influence marquée de l'Harmonie sur nos organes, qui est à-peu-près comparable à celle que nous éprouvons, en sortant d'un appartement froid pour entrer dans celui dont l'air est échauffé. C'est à cette influence physique qu'il faut principalement attribuer l'effet salutaire de la Musique sur différentes personnes malades ou convalescentes; ce qui mériterait des recherches exactes et approfondies de la part des médecins (2).

La Mélodie n'étant chantée que par une seule voix, ne peut exercer cette influence physique que très faiblement; elle doit donc agir sur nous plus moralement que physiquement; et pour cet effet, observer des préceptes (comme on l a prouvé dans ce Traité) dont l'Harmonie peut se passer à la rigueur. Une suite de sons d'ailleurs régulière, mais sans rhythme, sans symétrie, sans cadences bien ditribuées, sans périodes, sans valeurs de notes bien proportionnées, et sans coupes convenables, ne donnerons jamais une véritable Mélodie; tandis qu'une suite réglière d'accords, sans toutes ces conditions, donnera toujours de l'Harmonie. Mais en observant ces conditions dans les productions purement harmoniques, on rendrait l'Harmonie plus positive pour l'art, et plus intéressante pour tout le monde, parce qu'elle rentrerait par ces principes dans le domaine de la Mélodie, et participant de ces avantages, aurait tout-à-la-fois un effet physique et moral; ce qui réconcilierait avec elle ses plus grands adversaires.

---

(1) C'est comme une suite de mots bien enchaînés d'après les règles de la syntaxe, mais du reste n'offrant point de sens.

(2) Comme l'Harmonie agit physiquement sur nous, il est évident que le bruit musical doit nous causer des sensations désagréables, et que l'art doit s'interdire; ce qui dans les pays méridionaux devient plus insupportable que dans les climats du nord, où la fibre est plus endurcie par la rigueur du froid. Voilà pourquoi le bruit en Musique est tout-à-fait anti-musical. Mais d'un autre coté, il ne faut pas confondre avec le bruit les effets grands et sublimes dont l'Harmonie est susceptible.

Ainsi, pour qu'une suite d'accords reçoive un sens positif, et qu'on puisse la par_
tager en idées distinctes, il faut que la Mélodie, ou au moins le rhythme, vienne à son
secours. Nous démontrerons tout cela par les exemples suivans: (Voy. T⁶, Nᵒˢ 1, 2, 5, 4.)

Observations sur ces quatre exemples.

Le Nᵒ. 1 est une suite de sons dépourvue de sens mélodiques, parce qu'il n'y
a ni rhythme, ni cadences, ni symétrie, ni proportions justes entre les valeurs des
notes, etc.

Le Nᵒ. 2 est de même une Harmonie sans idées et sans des sens déterminés.
C'est une suite régulière d'accords qui ne dit rien ni au sentiment ni à l'esprit, et
n'agit sur nous que physiquement. Le Nᵒ. 2 est comparable au Nᵒ. 1, mais avec cette
différence que le Nᵒ. 2 est au moins de l'Harmonie, tandis que le Nᵒ. 1 n'est ni Mé_
lodie ni Harmonie.

Le Nᵒ. 3 est une suite d'accords divisés par sens bien distincts au moyen du rhy_
thme de quatre mesures. L'Harmonie acquiert ici un dégré de plus de perfection,
et devient par conséquent plus intéressante, parce qu'on y aperçoit un plan symétri_
que, qui est que cette suite d'accords se laisse diviser en quatre parties égales, qu'on
pourrait appeller des *idées harmoniques*. Ainsi la théorie du rhythme et des périodes
peut devenir aussi importante pour l'Harmonie, qu'elle l'est pour la Mélodie. C'est enco_
re ici qu'il nous manque un traité instructif. Il est facile de concevoir que cette
suite d'accords, tout en observant le rhythme, peut être variée de mille manières,
au moyen des différens mouvemens combinés entre les quatre parties.

Dans le Nᵒ. 4, otez de cette Harmonie les traits de chant qui l'accompagnent, et
vous n'aurez encore qu'une suite d'accords sans idées, quoique cette suite, sous
d'autres rapports, soit très régulière, comme enchaînement d'accords, distribution des
sons entre les quatre parties, et comme modulations (1).

———

Quand on dit que l'Harmonie est positive, on entend vulgairement par-là qu'on
en peut fixer la nature et la quantité d'accords; qu'on peut prescrire des prin_
cipes sur leur enchaînement, indiquer les modulations et la manière de préparer
et sauver les accords dissonnans, etc. Mais construire des idées avec des accords,
enchaîner des idées purement harmoniques, prouver en quoi consiste la nature,

———

(1) Dans les chœurs et dans les morceaux d'ensemble, où le compositeur se voit souvent contraint d'employer une
Harmonie vague, il est à conseiller qu'il l'accompagne par des traits de chant, à l'exemple de ce Nᵒ. 4, et qu'il les dis_
tribue dans l'orchestre, particulièrement lorsqu'il travaille pour la scène.

l'analogie et l'unité de ces idées, et enfin élever un édifice harmonique digne d'un si bel art, sur tout cela il n'y a encore rien de *positif*.

CONCLUSION.

D'après tout ce que nous avons vu dans le courant de cet ouvrage, on peut conclure avec certitude qu'il n'y a point de véritable langage musical sans plan, sans rhythme, sans symétrie, sans cadences et périodes bien distribuées, sans analogie d'idées, et sans unité, ainsi que sans cadre, coupes ou dimensions convenables. Les sons et les accords dont la Mélodie et l'Harmonie se composent ne sont que de simples matériaux, (comme les couleurs pour le peintre, et les pierres pour l'architecte) avec lesquels un artiste distingué, un génie instruit et guidé par la raison, peut élever des monumens dignes de son art; mais qui, entre les mains de l'ignorance, ne produisent que de la bizarrie, de l'extravagance, de la folie, ou une nullité absolue. Le compositeur est un architecte habile, ou un simple ouvrier. (1) .

Qu'on ne cherche point à couvrir la Mélodie ni l'Harmonie des voiles du mystère; tout doit y être clair pour l'homme instruit. La Musique est bonne ou mauvaise, et les causes de cette différence peuvent être démontrées d'une manière péremptoire. Ce sont ces causes qu'il faut chercher, connaître, approfondir, propager; et surtout, il faut se rappeler ce que dit un philosophe célèbre: *La raison, placée au centre des sciences et des arts, est comme le soleil dans le système du monde: elle en règle la marche et les éclaire.*

---

(1) La symétrie et les belles proportions sont quelque chose de positif; sans elle, l'architecture ne serait qu'un amas de pierres. La Musique devient un art positif, dès qu'elle observe la symétrie, parce que la symétrie présente des idées d'ordre, abstraction faite de la matière avec laquelle on la réalise. Elle est l'ouvrage de la pensée et non du hasard. Le peintre nous la présente avec des couleurs, l'architecte et le sculpteur avec la matière, et le musicien avec des sons ou des accens animés, incomparablement moins matériels que les couleurs et la pierre. Il est donc bien étrange d'avancer que *la Musique isolée et sans le secours des paroles n'agit que vaguement et ne présente aucune idée, et qu'elle n'est point une langue.* Ainsi les productions instrumentales du célèbre Haydn reconnues pour des chefs-d'œuvres dans toute l'Europe civilisée, d'après cet argument, ne *présentent aucune idée*, et sont par conséquent sans idées. Conséquence bien extraordinaire qui fait regarder comme des chefs-d'œuvres des productions sans idées!

Non-seulement la Musique est une langue en elle-même et sans le secours des paroles, mais encore elle est une langue universelle, avantage qu'elle a sur toutes les autres qui ne sont que conventionnelles, et qu'on ne peut comprendre sans les apprendre. La Musique nous présente les images positives de la tristesse, de la joie, de la douleur, du désespoir, de l'emportement, de l'ordre et même du désordre, etc., et elle peut les présenter encore de trois manières différentes, par la Mélodie seule, par la seule Harmonie, et enfin par la Mélodie et l'Harmonie à-la-fois. Cette matière exigerait des développemens que l'on trouvera dans l'ouvrage déjà annoncé *sur la musique comme art purement sentimental.*

Je crois ne pouvoir mieux terminer l'ouvrage qu'avec ce *Précis en vers* sur la Mélodie:

La pure Mélodie, écho du sentiment,
Vrai langage du cœur, parle au cœur seulement.
Elle enchaîne des sons dont le charme suprême
Dans l'âme, par les sens, se grave de lui-même.
Comme un Discours qui marche et s'arrête à propos,
Elle a sa Période et compte ses repos.
Dans ses Membres divers, une juste balance,
Fait sentir à-la-fois le Rhythme et la Cadence;
Et le Sens musical, pour être satisfait,
En fixe les rapports dans un ordre parfait.

F. FAYOLLE.

FIN.

TABLE DES MATIÈRES.

OBSERVATIONS PRÉLIMINAIRES sur le génie et le talent en musique, et sur l'utilité de cet Ouvrage, ... 1

INTRODUCTION indiquant les objets qu'il faut savoir pour mieux entendre le texte, ... 4

TRAITÉ DE MÉLODIE, sur les dessins, les membres, les cadences mélodiques, le rhythme et la construction de la période, ... 8

Sur les périodes d'un seul membre, ... 17

Sur les périodes de deux membres, ... id.

Sur le complément de la mesure, après une phrase mélodique, ... 19

Des Mesures sous-entendues dans le rhythme, ou de la supposition, ... 20

Sur l'écho mélodique, ... 21

Sur la différence des rhythmes relativement à la quantité des mesures, ... id.

Des points d'orgue, quand ils ont lieu sur la pénultième ou l'antepénultième, ou du retard de la cadence finale, ... 25

Du conduit mélodique, ... 26

Tableau des mots techniques employés dans la Mélodie, ... 28

Sur les périodes qui ont plus de deux membres, ... 29

Sur l'enchaînement des périodes, ... 30

Mélodie de deux périodes, ... 32

Sur les Mélodies de trois périodes principales, ... 37

Remarques sur les Mélodies qui ont plus de trois périodes, ... 39

Adagio de Haydn, analysé, ... 40

Principes pour la grande coupe ou dimension binaire, ... 41

Air de Mozart, analysé, ... 43

Air de Cimarosa, analysé, ... id.

Air de Sacchini, analysé, ... 45

Air de Zingarelli, analysé, ... 47

Air de Piccini, analysé, ... 48

Nouvelles observations sur le rhythme, ... 50

Observations générales sur les coupes, cadres ou dimensions mélodiques, ... 51

Remarques sur les airs déclamés et sur les morceaux d'ensemble, ... 52

Sur les différens caractères de la Mélodie, 54

Observations sur l'unité et sur la variété de la Mélodie, et en général d'un morceau de Musique, ... id.

Sur la manière d'exécuter la Mélodie, et sur l'art de la broder, ... 56

Observations sur les airs nationaux, ... 61

Sur la manière de développer un motif, et sur la création des marches mélodiques, ... id.

Sur la manière de s'exercer dans la Mélodie, ... 65

Première proposition, ... 68

Deuxième proposition, ... id.

Troisième proposition, ... 69

Quatrième proposition, ... 70

Cinquième proposition, ... 71

Sixième proposition, ... 73

Septième proposition, ... 75

Huitième proposition, ... 77

Neuvième proposition, ... 79

Projet d'un programme pour un cours de composition, ... 82

Dernières remarques sur le rhythme, ... 83

SUPPLÉMENT, de l'art d'accompagner la Mélodie par l'Harmonie, lorsque la première est prédominante, ... 87

Sur les contacts des cadences harmoniques avec les cadences mélodiques, ... 90

Observations sur la pédale par rapport aux cadences mélodiques, ... 92

Sur l'analogie de caractère entre la Mélodie et l'Harmonie, ... 93

Sur la manière d'accompagner la mélodie par une Harmonie qui ne soit point surchargée et ne prescrive point une forte exécution, ... 94

Sur ce que l'Harmonie et la Mélodie ne doivent pas faire entendre à-la-fois deux gammes de différent caractère, .. 95

Sur ce que les accords ne doivent pas changer trop souvent et se succéder trop rapidement, ... 96

Observations sur les accords d'une gamme majeure et d'une gamme mineure, par rapport à la Mélodie, ... 97

SUITE DES PROPOSITIONS. Dixième proposition, ... 99

Onzième proposition, ... 99

Douzième proposition, ... 99

Treizième proposition, ... 100

Quatorzième et dernière proposition, ... 100

RÉSUMÉ, ou dernières Remarques sur la Mélodie et l'Harmonie, ... 101

CONCLUSION, ... 105

PRÉCIS en vers sur la Mélodie, ... 106

Fin de la table des matières.

www.ingramcontent.com/pod-product-compliance
Ingram Content Group UK Ltd.
Pitfield, Milton Keynes, MK11 3LW, UK
UKHW020004100726
13658UKWH00002B/806